Wolfgang Lattacher

So ist's Brauch in Kärnten

VERLAG johannes heyn

Klagenfurt, 2012
Layout: Reinhold Grimschitz, Klagenfurt
Druck: Druckerei Theiss GmbH, A-9431 St. Stefan
ISBN 978-3-7084-0459-2

Liebe Freunde des Kärntner Brauchtums!

In Kärnten hat das Brauchtum einen ganz besonderen Stellenwert. Ob im Frühling, im Sommer, im Herbst oder in der kalten Jahreszeit – in Kärnten findet Brauchtum immer statt und wird auf vielfache Weise gepflegt.

Im Laufe der Jahrhunderte war Kärnten Sitz eines keltischen Königreiches, weströmische Provinz, slawisches Fürstentum, bayerisches Herzogtum und schließlich bis Anfang des 20. Jahrhunderts habsburgisches Kronland. Angesichts dieses besonderen Erbes verwundert es nicht, dass Kärnten so reich an Mythen und Gebräuchen ist wie kaum ein anderes Land. Alter, Volksglaube und christliche Frömmigkeit haben das Brauchtum des Landes geprägt.

Für mich als Brauchtumsreferent ist es besonders wichtig, unsere Traditionen und unser Brauchtum auch der Jugend weiterzugeben. Daher danke den Initiatoren dieses Brauchtumsbüchleins für ihre wertvolle Arbeit und ihren Beitrag dazu, dass die einzigartigen Kärntner Brauchtümer nicht in Vergessenheit geraten.

Ihr Landesrat Harald Dobernig

Inhaltsverzeichnis

Heiligenbluter Sternsingen

In der Winternacht zum 6. Jänner ziehen die Sternsinger von Haus zu Haus. Sie „bringen das neue Jahr“ zu den Bauernhöfen. Da eine Nacht für den Besuch aller Höfe zu kurz wäre, gehen mehrere Rotten (Männergruppen) in verschiedene Richtungen. Ein Sternträger trägt einen vielzackigen und von innen beleuchteten, drehbaren Stern vor der Gruppe her. Die Rotten werden von etlichen Laternenträgern und einer kleinen Blasmusikgruppe begleitet. Vor dem Haus singen die Sternsinger ein altes Sternsingerlied, mit dem sie die Heilsgeschichte Christi verkünden. Die Blasmusikgruppe begleitet leise, der Sternträger dreht den Stern. Danach gibt es für alle eine Jause, meist Speck mit Brot und Krapfen sowie einem Stamperl „Deutschen“, wie der Obstbrand hier heißt. Bis zur Morgendämmerung ziehen die Sternsinger oft über verschneite und eisige Hänge von Gehöft zu Gehöft, um sich anschließend zum gemeinsamen Hochamt mit den geistlichen Würdenträgern in der berühmten Wallfahrtskirche einzufinden.

Eisschießen

Das Eisschießen ist ein in ganz Kärnten verbreiteter Winterbrauch, ein Volkssport, der viel zur Gemeinschaftspflege beiträgt. Der Eisstock wird vom Besitzer besonders gehütet. Neben dem kleinen, schweren „Kärntner Stock“, der auswechselbare Gummistoppeln hat, wird auch mit dem „Österreichischen Stock“ mit der Plastikplatte gespielt. Ziel des Spiels ist es, mit dem eigenen Eisstock näher an die würfelförmige Holz- oder Gummitaube herankommen als es dem Gegner gelingt. Wenn Mannschaften miteinander wetteifern, führt der „Moar“ seine Mannschaft an, er schießt zuerst und weist die anderen ein. Der Betreuer der Eisbahn heißt „Eiskönig“. Dieser erhält beim „Knödelschießen“, das Ende Februar ausgespielt wird, ein zechfreies Abendessen: Knödel mit Sauerkraut. Das ist der krönende Abschluss der Eissaison.

Kirchleintragen in Bad Eisenkappel

Der Name des Baches zu Eisenkappel heißt auf Deutsch soviel wie „Weißenbach“, also ein Bach mit weißer Gischt, ein reißender Bach. Im ausgehenden Mittelalter sorgte die Vellach für eine besonders schwere Überschwemmung, die großen Schaden verursachte. Die Bewohner flüchteten zur höher gelegenen Wallfahrtskirche Maria Dorn und übergaben dem Fluss eine selbst gefertigte, innen beleuchtete Kirche, daraufhin ging das Hochwasser zurück und das Wetter besserte sich. An dieses Ereignis wird Jahr für Jahr erinnert. Am Abend vor Maria Lichtmess, dem 1. Februar werden zahlreiche Kirchlein aus Pappmaschee gesegnet, von innen mit Kerzen beleuchtet und auf Tragstöcken durch den Ort getragen. Danach werden sie der Vellach übergeben. Dabei schreien die Kinder die lateinisch-slowenische Verballhornung „ante pante populore – kozelna vrate cvilelore“. Das Lichterschwemmen soll vor Überflutungen schützen und die dunklen Mächte des Winters vertreiben.

Striezelwerfen in Stein

In der Kirche in Stein im Jauntal, westlich vom Klopeinersee, ruht Hildegard von Stein, die als „Hemma des Unterlandes" betrachtet wird. Als schwäbische Gräfin Hildegard von Andechs war sie fromm und mildtätig. Sie veranlasste, dass die jährlichen Erträge aus 13 Bauernhuben einer Armenstiftung zugeführt wurden. Nach ihrem Tod verehrte man sie als Heilige. Seit 1843 werden kleine Brötchen an das Volk verteilt. Heute werfen die Kirchensänger am Agathentag, dem 5. Februar, die sogenannten Agathenstriezel unter die vielen Anwesenden. Die gesegneten Brötchen werden nach Hause mitgenommen und in Kästen und Truhen aufbewahrt. Sie sollen vor Irrsinn und Fallsucht schützen und das Haus vor Feuer und Dieben sichern. Verschimmeln sie jedoch, ist das ein böses Omen, gar ein Zeichen für den baldigen Tod eines Hausbewohners.

Blochziehen

Das Blochziehen ist in Kärnten noch bekannt. Auch in der Steiermark, im Burgenland und in Tirol kennt man diesen Brauch, der in vielen lokalen Varianten gepflegt wird. Am Vortag des Blochziehens wird ein starker Baum, zumeist eine Fichte geschlägert und von den Ästen befreit. Teilweise schält man sie auch. Dieser Bloch wird in den Ort gebracht und bewacht. Er könnte ja von den Burschen der Nachbargemeinde gestohlen werden.

Im Unterschied zum Maibaum wird der Bloch nicht aufgerichtet. Er wird, geschmückt mit Bändern und Reisig, durch den Ort gezogen. Das Ziehen übernehmen meistens Pferde oder auch mehrere Burschen. Dazu gibt es manchmal auch die Person des „Peitschenknallers", der die Gruppe begleitet.

Es gibt im Zug auch oft Masken oder närrisch gekleidete Gestalten. Bei manchen Häusern bleibt der Zug stehen und es kommt zu „Spottreden" betreffend den jüngsten Dorfklatsch oder auf Mädchen, die noch nicht unter die Haube gekommen sind.

In manchen Gemeinden findet der Umzug nur statt, wenn im vergangenen Jahr kein Mädchen geheiratet hat.

In der Stadt Bleiburg blieb der Brauch bis heute in bester Form erhalten. Burschen verkleiden sich als Holzknechte, die Gesichter werden mit Rindsblut und Ruß beschmiert, auch Masken werden verwendet. Mit Zepin und Hacke begleiten sie den Wagen mit den Blochen.

Der Pferdeführer lässt sich Zeit. Vor den Häusern der heiratsfähigen Mädchen hält der Zug und der Pferdeführer lässt eine Schnapsflasche herumreichen. Dann wird langsam ein Stück des Baumstammes heruntergeschnitten und unter Scherzen in den Hausflur gezogen. Die Mutter oder Angehörigen müssen den abgeschnittenen Bloch bezahlen.

Der Erlös durch das Blochziehen wird in den Ortsgasthäusern vertrunken oder man macht damit einen gemeinsamen Ausflug. Manchmal werden auch Brezen oder Krapfen verteilt (Brezen = altes Fruchtbarkeits- und Liebessymbol, Krapfen = Fruchtbarkeit, Nachbildung der Sonne).

Ursprünglich galt das Blochziehen der Beschwörung von Fruchtbarkeits- und Vegetationsdämonen. Heute ist es ein Vergnügen mit alten Wurzeln, wobei der Brauch weit über Kärnten hinaus in vielen europäischen Staaten noch bekannt ist.

Fasching

Man nimmt an, dass die Bezeichnung „Fasching“ aus Bayern stammt. In alter Zeit wurde für den in der Fastenzeit üblichen Gemeinschaftstrunk die Bezeichnung „Vastschang“ (Faschang-Fastenschank-Fasching) verwendet.

Die Fasnacht ist die Zeit von Dreikönig bis Aschermittwoch. Anfänglich war es nur die Nacht vor der Fastenzeit.

Die Bezeichnung Karneval geht auf die Feststellung, dass nach dem lustigen Treiben im Fasching, dem „Fleisch leb’ wohl gesagt werden muss“, zurück (carne vale). Der Fasching ist als eine Art Kontrastprogramm eng mit der anschließenden Fastenzeit verbunden. Die aus dem Mittelalter stammenden Faschingsbräuche haben sich zumeist nur dort erhalten können, wo die Fastenzeit streng eingehalten wurde (Alpenländer, Süd- und Mitteldeutschland). Ein Großteil der alten Faschingsbräuche ist untergegangen. Ein besonderes Überbleibsel ist das Bärentreiben und Schneebauen im Gebiet von Steuerberg und Sörg in Kärnten. Ein als Bär verkleideter Mann musste niedergerungen oder spielerisch getötet werden. Der Bär verkörperte in der Regel den Winter. Auch der echte Bär war lange Zeit eine große Bedrohung. Kaiser Joseph II. setzte für jeden erlegten Bären eine Prämie aus.

Auch die harte Arbeit der Bauern schien in der Faschingszeit vergessen zu sein. Es wurde gepflügt, wobei die ledigen Mädchen vor den Pflug gespannt wurden. Alte Belege gehen sogar auf das Jahr 743 zurück. Später wechselte man vom Pflug auf den Baum, damit war das sogenannte Baum- oder Blochziehen geboren. Dieser Brauch konnte sich nicht nur in Kärnten bis in die Gegenwart erhalten. Der Baum blieb bis in die Brauchzeit unserer Tage ein wichtiger Segensbringer, der Wachstum und Fruchtbarkeit fördern soll.

Auch andere Arbeiten des bäuerlichen Lebens werden auf fröhliche Weise dargestellt. Ein Sämann wirft aus einer großen weißen Schürze Hobelspäne, die Saatgut darstellen. Sie sollen die Fruchtbarkeit der Äcker und Menschen erhöhen. Auch andere Arbeiten wie das Eggen oder Dreschen werden gerne auf humorvolle Weise gezeigt. Grundsätzlich gilt in der lustigen Zeit des Faschings der sogenannte Geschlechterwechsel. Frauenarbeiten werden von Männern und Männerarbeiten zumeist von Frauen gemacht.

Erfreulicherweise sind die den Fasching abschließenden Sauschädelgerichte wieder im Kommen (Vertauschte Situationen – Täter wird freigesprochen – der Bestohlene verurteilt usw.).

Die Übernahme des rheinischen Karnevals mit den Faschingsumzügen, Faschingssitzungen und dem Verbrennen einer den Winter darstellenden Strohpuppe, hat das traditionelle Faschingsbrauchtum im Alpenraum ziemlich verdrängt. Das Blochziehen, die Darstellung bäuerlicher Arbeiten in humorvoller Art, das Bärenjagen und das Sauschädel-Gericht, lassen sich in das neue Brauchtum einbauen. Teilweise gilt dies auch für die verschiedenen Arten des Winterbegrabens (Feitlbegraben – Feitl als Symbol des Winters, Verbrennen oder Ertränken einer Stroh-Weinflasche, Stroh-Bassgeige als Symbol für die lustige Faschingszeit). Schließlich dürfen der traditionelle Maschkeratanz sowie Speise und Trank ihre Bedeutung nicht verlieren.

Bärentreiben in Steuerberg

Dieser Faschingsrummel galt ursprünglich dem Austreiben des Winters. Die Masken sollen die Wintergeister erschrecken, der Lärm soll sie verjagen und gleichzeitig die Wachstumsgeister wecken. Mit dem Bärentreiben in Steuerberg und Sörg wird, wie mit dem Blochziehen und dem Maschkeratanz, die Niederlage des Winters versinnbildlicht.

In bestimmten Zeitabständen versammeln sich die Jagdhornbläser, maskierte Jäger, Kinder als maskierte Hunde, bäuerliche Arbeitsgruppen und Holzknechte am oberen Ortseingang. Der Bär befindet sich noch im Wald. Der Faschingsumzug zieht auf eine große Festwiese, wo schon eine „Bärenhöhle“ aus Stroh steht. Der Weg wird von Hexen gesäubert. Ein weiteres Element ist das „Schneebauen“: Zwei Ochsen, dargestellt von vier Männern „pflügen“ den Acker mit einer Arl. Die Ochsen trampeln den Vorgeher nieder, sodass sie vom Fleischer getötet werden. Danach sät der Sämann den Samen symbolisch über den gepflügten Acker. Diese Handlungen sollen die Fruchtbarkeit der Äcker erhöhen.

Nach dem Dreschen erfolgt das „Feitlbegraben“. Ein Riesenfeitl, der den Winter symbolisiert, wird in einem offenen Sarg aufgebahrt. Nach einer Grabrede und einer feierlichen Kranzniederlegung wird er im Schnee begraben.

Den Abschluss bildet das „Bärentreiben“. Die Hunde entdecken den „Bären“, einen mit einem Ganzkörperfell Maskierten, der den Winter symbolisiert. Er flüchtet in seine Höhle, die er gegen die Hunde zu verteidigen trachtet. Schließlich wird die Strohhöhle angezündet, der Bär muss aus seinem Versteck und wird vom Jäger zur Strecke gebracht. Auf einer Bahre trägt man ihn, begleitet von Blasmusik, zum Gasthof, wo der „Bär“ einen Schweinebraten erhält, und die vielen übrigen Darsteller sich ebenso laben können.

Fastentücher

Mit dem Aschermittwoch beginnt die Fastenzeit. Die Fastenzeit war bereits im Mittelalter sehr wichtig. Bildtücher, auch Fasten- oder Hungertücher genannt, werden über den Hauptaltar gespannt. Sie ermahnen zur Buße und zeigen die Lebens- bzw. Leidensgeschichte Christi. Dadurch sind die Kirchenbesucher bei der Messfeier 40 Tage vom Altar getrennt. Früher waren sich die Menschen deutlicher ihrer Sünden bewusst und wurden von Liturgie und Kommunion ausgeschlossen. Dies war für die frommen Menschen der damaligen Zeit ein großes Opfer. Ihr Gotteshunger blieb ungestillt, daher die Bezeichnung „Hungertuch". Es wurde gelegentlich auch als „Schmachtfetzen" bezeichnet, denn die Gläubigen hatten vor dem Tuch zu schmachten. Der Spruch „am Hungertuch nagen" ist eine volksetymologische Umformung des eigentlichen „am Hungertuch nähen".

Anfangs waren die Fastentücher roh und schmucklos, erst später wurden sie bemalt. Reformation und Aufklärung haben die meisten Fastentücher zum Verschwinden gebracht.

Der Gebrauch von Fastentüchern ist in Österreich heute im Wesentlichen auf Kärnten beschränkt.

In Deutschland kennt man sie nur von Westfalen; dort wurden sie im 16. und 17. Jahrhundert von adeligen Damen gestiftet oder selbst gefertigt. Von 1436 bis 1453 stand dem Bistum Gurk der westfälische Bischof Johannes Schallermann vor. In seinem Auftrag bestellte der Gurker Dompropst beim „Meister Konrad" zu Friesach ein Fastentuch nach westfälischer Art. Dieses enthielt auf 100 Feldern je 50 Darstellungen des Alten und Neuen Testaments, in Kalkfarbe ausgeführt. Bald entstanden auch Fastentücher in Haimburg, St. Stefan am Krappfeld, Reichenfels, Millstatt, Sternberg, Maria Bichl und Baldramsdorf u. a. m. Sie alle sind bemalt und nicht wie in Westfalen bestickt. Spezielle Auskünfte werden von Herrn Prof. Ellersdorfer, St. Veit, gerne gegeben.

Widderopfer in Ötting

Dieser Osterbrauch eigener Art wird ausschließlich in dem kleinen Ort bei Oberdrauburg gepflegt. Er soll auf ein Gelöbnis zur Pestzeit zurückgehen. Man kennt im restlichen Kärnten keine ähnlichen Formen. Am Freitag vor dem Palmsonntag, dem „Schmerzensfreitag“, wird ein aufgeputzter Widder, der jedes Jahr von einem anderen Bauern bereitgestellt wird, zur Kirche gebracht. Der Opferwidder ist sauber gewaschen und gestriegelt, und mit Blumen und Maschen festlich geschmückt. In früheren Tagen hatte der Opferwidder ein uneingeschränktes Weiderecht, niemand durfte ihn von seinem Grund weisen. Er wurde auch nicht geschoren. Vor Beginn des Hochamtes umschreitet der geführte Widder den Altar. Während der Messe bleibt der Widder hinter der letzten Bankreihe stehen. Das Blöken des Widders während der Messe stört niemand, nur ein langgezogenes Plärren soll Unglück bringen.

Nach der Messe umschreitet der Widder nochmals den Altar und wird schließlich vor der Kirche versteigert. Die Versteigerung erfolgt auf amerikanische Art, es steigern nur die wenigen Bauern der Umgebung.

Der Widder wird nicht geschlachtet, sondern einem Bauern, der ihn braucht, zur Zucht überlassen. Der oft stattliche Versteigerungserlös geht an die Kirche. Der Brauch des Widderopfers geht wohl auf die Abwendung einer Pestepidemie zurück. Der Widder ist aber auch im Nebel der Vergangenheit als Sündenbock zu sehen, der für die ganze Gemeinde Krankheit und Unheil auf sich nimmt.

Palmweihe

Palmbuschen und Palmbesen stellen eine Art Lebensbaum dar. Die Zweige der Salweide, auch „Palmkätzchen“ genannt, werden oft zu einem Buschen gebunden, mit Kranawett (= Wacholder), Buchsbaum, bunten Bändern, roten Äpfeln, Orangen, Brezeln und Säckchen mit verschiedenen Getreidekörnern geschmückt. Nach der Rückkehr von der Weihe, genauer gesagt ist es eine Segnung, wird der Palmbuschen zerteilt: Einige Zweige steckt man hinter das Kreuz des Herrgottswinkels, ein Teil kommt hinter die Sparren des Hausdaches und weitere Zweige werden in den Stall gebracht. Der Rest der gesegneten Zweige wird aufbewahrt und im Laufe des Jahres verbraucht.

Bei einem aufziehenden Gewitter wirft man sie ins Herdfeuer, das Almvieh bekommt vor dem Auftrieb eine Maulgabe, einem Hochzeiter werden sie in die Rocktasche gesteckt und einem Verstorbenen zur „leichten Ruhestatt“ in den Sarg gelegt. Ganz allgemein sollen sie Positives anziehen und gegen verschiedene Bedrohungen des Lebens wirken.

Passion in Tresdorf

Die szenische Darstellung des Leidensweges Christi wird in Tresdorf im Mölltal am Gründonnerstag und Karfreitag aufgeführt. Diese stumme Passion, das sogenannte „Kreuzzeichen“, geht auf mittelalterliche Vorbilder zurück. Die Darstellung des Leidens Christi umfasst die Gefangennahme, Verurteilung durch Pilatus, die Geißelung und den Kreuzgang. Passionsspiele waren in Kärnten einst weit verbreitet. Dank der örtlichen Betreiber hat sich hier diese altertümliche Form erhalten, bei der der Christus-Darsteller noch im 19. Jahrhundert zwei Stunden am Kreuz hängen musste. Bei dieser realistischen Darstellung wurde er von einer Stange gehalten, die man ihm hinter dem Rücken durch die Ärmel seines Kleides gesteckt hatte. Ein weiteres Leiden-Christi-Spiel, das nicht regelmäßig aufgeführt wird, jedoch von großer Bedeutung ist, gehört zum kulturellen Schatz Köstenbergs nahe dem Wörthersee.

Tafeln in Pleßnitz

Pleßnitz ist ein Dorf hoch über dem Liesertal zwischen Eisentratten und Kremsbrücke. In der Bergkirche befindet sich ein heilkräftiges „Johannishaupt mit Schüssel“, welches gerne bei Kopfschmerzen aufgesucht wird. Damit die Heilkraft erhalten bleibt, muss die Jugend am Gründonnerstag und Karfreitag „Tafeln gehen“. Bei Einbruch der Dunkelheit sammeln sich rund 20 Buben und Mädchen zwischen sechs und 18 Jahren mit ihren Ratschen und Tafeln, das sind Klapperinstrumente, am Kirchfriedhof. Die größte Tafel besteht aus einem zwei Meter langen Brett, das an der Vorderseite 36 bewegliche Hämmerchen und an der Rückseite zwei Griffe hat. Zwei Burschen tragen dieses Klapperinstrument. Nach dreimaligem Umschreiten der Kirche bewegen sich die „Tafler“ durch das Dorf zum sogenannten „Zaglkreuz“, von dort geht es weiter zum „Kniabrüggl“, wo zwei vermummte Gestalten, nämlich Tod und Tödin, unter der Brücke hervorspringen und mit einer „Ofenzusl“ sowie einem Besen Wasser zur Gesunderhaltung verspritzen, während sie der Prozession folgen.

Bei der anschließenden Andacht werden zwei Kerzen vor dem Johannishaupt entzündet. Tod und Tödin dürfen aber nicht dabei sein, ihre Aufgabe ist es, die Dorfbewohner in die Kirche zu treiben. Gern glaubt man in Pleßnitz noch an die alte Überlieferung, dass mit dem Tafeln auch die Winterdämonen vertrieben werden.

Heilige Gräber

In vielen Kirchen werden zur Osterzeit „Heilige Gräber", also Nachbildungen des Grabes Christi, die an die Auferstehung erinnern sollen, aufgestellt. Der Ursprung dieser Tradition findet sich im Mittelalter. Zu dieser Zeit ließen fromme Pilger möglichst detailgetreue Kopien der Grabeskirche von Jerusalem an ihrem Heimatort errichten. Im Inneren dieser oft sehr großzügig bemessenen Monumente wurde eine Reliquie aus dem Heiligen Land, wie beispielsweise ein Kreuzessplitter, aufbewahrt. Durch die Errichtung und Verehrung der Heiligen Gräber erhoffte man sich Seelenheil sowie den Einzug in das Paradies.

Das erste Heilige Grab in Kärnten wurde in Pulst (Raum St. Veit) im Jahre 1315 errichtet. Weitere frühe Heilige Gräber gab es in Arnoldstein, Gmünd, Obervellach und Glantschach.

Die jeweiligen Darstellungsformen wurden entsprechend an die verschiedenen Epochen (Gotik, Renaissance, Barock) angepasst. Außerdem wurden Reliquien von den heiligen Stätten (Erde, Steine, Pflanzen, Blumen) im Inneren aufbewahrt.

Hohe Priorität hatte über alle Zeitalter hinweg die Detailtreue: Hierfür wurden Schnüre in der Länge des originalen Heiligen Grabes mitgenommen, um eine maßstabsgerechte Darstellung zu erreichen.

Im 17. Jahrhundert nahm der Brauch, in der Osterzeit in den Kirchen „Heilige Gräber" aufzustellen, immer mehr zu und erreichte in den nachfolgenden Jahrhunderten seine stärkste Verbreitung.

In dieser Zeit wurden beim Heiligen Grab, wie zu den übrigen großen Kirchenfesten auch zu Ostern, Opfer in Form von Naturalien oder Geld dargebracht.

Eine Tradition, die auch heute noch mancherorts gepflegt wird, ist es, die Auferstehung am Heiligen Grab symbolisch nachzubilden. Hierfür deponiert der Priester die Monstranz in oder auf der Grabesstätte und vollzieht in der Osternacht die Auferstehung.

Das Aufstellen, Abräumen und Verwahren des Grabes besorgt der Mesner, manchmal wird auch ein Tischler beauftragt.

In kleineren Filial- oder Klosterkirchen Kärntens werden während der Osterzeit häufig nur Bilder mit einer Darstellung aus der Leidensgeschichte Jesu aufgestellt, oder mit diesen die Altarbilder verdeckt – allesamt sollen die Bedeutung des wichtigsten Festes im Kirchenjahr zum Ausdruck bringen.

Diese und andere Darstellungsformen der Heiligen Gräber waren jedoch in der Vergangenheit nicht unumstritten. So wurden sie von weltlicher als auch kirchlicher Seite – wie die Weihnachtskrippen – zeitweise (v. a. 17./18. Jahrhundert) kritisiert oder sogar verboten.

In den letzten Jahren haben die Grabesdarstellungen in den Kirchen wieder zugenommen und der Besuch der „Heiligen Gräber" von Gläubigen, hat die alte Tradition wieder aufleben lassen.

Am Karsamstag holen die Buben vom Kirchhof geweihtes Feuer, mit welchem man früher das Feuer im Herd entzündet hat, um darauf die Osterspeisen zu kochen. Heute wird damit zu Hause die Osterkerze als symbolische Handlung für den Beginn des Osteressens entzündet. Die Osterspeisen werden sorgfältig in einen Korb gegeben und mit einer Weihkorbdecke (Mittelsymbol IHS oder Lamm) zur Speisensegnung (Fleischweihe) gebracht.

Speisensegnungen gibt es seit dem 7. Jahrhundert. Die Segnung des Brotes und der Eier ist seit dem 12. Jahrhundert bekannt.

Höhepunkt des Osterfestes ist die Auferstehungsfeier. Sie findet zumeist durch die Reform der Liturgie am Karsamstagabend in der Kirche statt. Nach dem „Alleluja, der Heiland ist auferstanden“, erschallen die Böller, Osterfeuer werden entzündet und die zwischenzeitlich auf „Romflug“ gewesenen Glocken nehmen wieder ihren Dienst auf. Mit dem Festgottesdienst am Ostersonntag schließt das große „Ostergeheimnis“.

Fackelschwingen in Gösseling

Das Fackelschwingen ist ein alter Brauch heidnischen Ursprungs, der in der Osternacht Tausende Besucher aus Kärnten, aber auch aus Slowenien und Italien anzieht. Der Grundgedanke ist, dass durch das Tragen und Schwingen der Fackeln die Wachstumsgötter den Feldern Fruchtbarkeit verleihen und auf diesem Wege der Grundstein für eine reiche Ernte gesetzt wird.

An den Wochenenden vor dem Palmsonntag werden in mühevoller Handarbeit bis zu neun Meter lange Baumstämme mit Holzspänen gespalten. Die hierfür angewandte Technik wird von Generation zu Generation weitergegeben – es ist eine Freude zu beobachten, wie schon die Jüngsten eifrig mitarbeiten und mit Stolz ihre kleineren Exemplare präsentieren.

Am Palmsonntag werden mit dem Zusammenführen eines riesigen Osterhaufens die abschließenden Vorbereitungen getroffen, bevor in der Nacht vom Karsamstag auf Ostersonntag das Fackelschwingen begonnen wird. Nach einer Andacht in der romantischen Kapelle, bei der die Auferstehung Christi mit unzähligen Kerzen gefeiert wird, ziehen die Besucher zu einer nahegelegenen Anhöhe, die einen eindrucksvollen Blick auf das Geschehen ermöglicht.

Zunächst werden die Fackeln am bereits brennenden Osterhaufen entzündet. Die starken Männer des Ortes tragen sodann die beeindruckenden Baumstämme über die Felder, auf denen drei Kreuzformationen eingenommen und damit Segen für die kommende Ernte erwirkt werden soll. Hierbei werden die Fackeln um die eigene Achse geschwungen, wodurch sich für die Besucher ein einmaliges Bild ergibt.

Den Abschluss des Rituals bildet das Auftürmen der noch brennenden Fackeln in einer Pyramidenform, das viel Können erfordert, um ein vorzeitiges Zerfallen zu vermeiden.

Die hohe Beliebtheit des Fackelschwingens, das außer in Gösseling auch in Diex, Grafenbach, St. Georgen bei St. Michael/Bleiburg, Kirschentheuer und anderen Orten stattfindet, wird durch die jährlich steigenden Besucherzahlen untermauert. Durch die Symbiose von Kirche, Feuer und fröhlichem Beisammensein kann ein Besuch als romantische Möglichkeit, die Osternacht zu verbringen, wärmstens empfohlen werden.

Das Osteressen findet nach der Auferstehung in der Osternacht oder am Ostersonntag statt. In Bleiburg gibt es noch eine besondere Kostbarkeit, das Ostersingen. Der große Brauchtumspfleger, Organisator und Chorleiter, Mag. Arthur Ottowitz, zieht am Karsamstag ab Mitternacht mit ca. 30 Sänger von Haus zu Haus und belebt einen sehr alten, einst in vielen Gemeinden Kärntens geübten Brauch: das Ostersingen.

Der Ostersonntag ist ein Festtag für die Kinder. Der Osterhase bringt Geschenke, die erst gefunden werden müssen. Leichter ist es mit jenen der Gotl bzw. des Götls, also der Paten. Sie werden feierlich überbracht. Der Kärntner Reindling, Ostereier und vielleicht auch ein Geldgeschenk werden kaum fehlen.

Gefärbte und oft kunstvoll bemalte Eier gehören zu den wichtigen Symbolen unserer Osterzeit. Sie waren im Volksglauben Sinnbilder des Wachstums und der Fruchtbarkeit.

Die Kinder verwenden Eier für traditionelle Osterspiele. Das Eierpecken, Eiertschecken, Eierrollen und das Ganslanlaufen sind für Kärnten typisch.

Am Ostermontag ist es üblich, in Tracht einen Osterspaziergang zu machen. Dies erinnert an den Gang der beiden Jünger Christi von Jerusalem nach Emmaus. Auch Osterkonzerte der vielen Kärntner Chorgemeinschaften gehören zu den besonderen Erlebnissen dieses Tages.

Vierberge-Wallfahrt

Die vier heiligen Berge sind der Magdalensberg, der Ulrichsberg, der Veits- oder Göseberg sowie der Lorenziberg. Am Vorabend des Dreinagelfreitags, des zweiten Freitags nach Ostern, sammeln sich die Teilnehmer auf der Kuppe des Magdalensberges. Jeder Teilnehmer steckt sich Wacholderzweige an den Hut oder die Jacke, da diese „ringe Füaß“, leichte Füße machen und vor missgünstigen Dämonen schützen. Nach dem Mitternachtsgottesdienst tauscht man geweihte Getreidekörner ein, die eine reiche Ernte versprechen. Unter Glockengeläute und mit entzündeten Fackeln folgen die Wallfahrer dem Vorbeter in die Nacht hinaus. Das Tempo der Vierbergler ist trotz aller Andacht zügig, denn in knapp 17 Stunden müssen die 50 Kilometer bewältigt sein. Nach der Querung des Zollfeldes beim Prunnerkreuz und einer Frühmesse in Pörtschach am Berg geht es auf den Ulrichsberg. Beim letzten Bauern stecken sich die Vierbergler Efeu an den Hut und an die Kreuze, damit der Teufel keine Gewalt über sie erhalten könne. Dreimal werden die Ruinenmauern umschritten und es werden nochmals Körner getauscht.

IN

Nach Zweikirchen geht es zur nächsten Station, dem Veitskirchlein, wo man Immergrün kaufen kann, um sich vor dem Bösen zu schützen. Über Sörg geht es zum Lorenziberg, wo man spätestens um 17 Uhr zur Andacht eintrifft. Nochmals erfolgt ein Körnertausch und schließlich wird noch Buchsbaum angesteckt. Die Nägel am Kreuz Christi sollen aus norischem Eisen gewesen sein, am Lorenziberg sind die drei Nägel das Kultobjekt, am Magdalensberg ist es das Kreuz, am Ulrichsberg die Dornenkrone und am Veitsberg die Lanze. Der Vierbergelauf existiert seit Jahrhunderten, nach jahrzehntelangem Rückgang der Bedeutung ist er in den letzten Jahren zu einem wahren Großereignis mit zahlreichen Teilnehmern geworden.

Die keltischen Bezüge, der Lauf als nachempfundene Sonnenbahn, die christlichen Wurzeln, all das ist untrennbar im Bewusstsein der Kärntner verankert, und sollte einmal kein Vierbergelauf mehr stattfinden, würde dies Hunger und Elend zur Folge haben, meinen manche Teilnehmer.

Georgijagen

Das Georgijagen findet am Vorabend des Georgstages, am 23. April in Latschach, Faak, Pogöriach, Ober- und Unteraichwald und in Ledenitzen statt. Im Gebiet der Ossiacher Tauern erst am 24. April. Der Georgstag ist hier der Frühlingsbeginn. Durch den lärmenden Umzug der Jugend soll der Winter verscheucht und dem heiligen Georg als Frühlingsbringer geholfen werden. In der Abenddämmerung wird ein Holzstoß entzündet und ein Vaterunser gebetet. Nach dem Abbrennen des Feuers wird mit Rinder- und Bockshörnern geblasen und Kuhglocken geläutet. In der Folge zieht die Schar von Haus zu Haus. Der gewählte Kapo (Anführer) klopft an die Tür und meldet, dass er Blumen und den Kuckuck bringe, während die Buben weiter lärmen. Die Hausleute treten vor die Tür und der Kapo wünscht allen Glück. Er verdammt Mäuse und Ratten, den Hühnern wünscht er einen besonderen Erfolg, damit die Bäuerin Eier für die Georgijäger übrig hat.

Diese Wünsche werden den deutschsprachigen Kärntnern auf Deutsch, den Slowenischsprechenden auf Slowenisch dargebracht.

Die Georgijäger erhalten Eier, Wurst und Speck und auch etwas Geld, damit die Hausbewohner den Segen des Allmächtigen und die Fürsprache des Heiligen erhalten. Alles wird in einen Buckelkorb gepackt und nach Beendigung des Georgijagens im Elternhaus des Kapos an alle Teilnehmer verteilt. Meist ist es dann schon spät nach Mitternacht, aber noch ist der Kapo für das nächste Jahr zu bestimmen, der dann seine Jäger selbst auswählt.

Maibaum

Der Maibaum ist das größte Sinnbild des Lebensbaumes und außerdem ein Fruchtbarkeitssymbol sowie ein Symbol der Dorfgemeinschaft. Er bringt den Dorfbewohnern Glück und Segen und soll einen guten Ertrag der kommenden Arbeit gewährleisten. Der grüne Wipfel des ansonsten geschälten Baumes wird mit bunten Bändern und Fähnchen geschmückt. Ein bis drei Reisigreifen sind ein zusätzlicher Blickfang. Das Maibaumaufstellen gestaltet sich zu einem Brauchtumsfest mit Musik, Gesang und Tanz. Das hie und da vorkommende Maibaumstehlen oder -beschädigen ist ein Missbrauch, der abzulehnen ist, und im Übrigen zivil- und strafrechtliche Folgen nach sich ziehen kann. Ende Mai, oder nach dem Einbringen der Ernte, findet die Versteigerung des Maibaumes statt. Das glatte, ausgetrocknete Holz soll sich hervorragend zur Herstellung von Leitern eignen.

Christi Himmelfahrt

Der alte Brauch des „Engelauffahrens“ oder „Engeltanzens“ findet im Lande noch vereinzelt statt, so in Weißenstein, Sagritz, Feistritz ob Grades, Irschen oder Pulst. Im höchstgelegenen Pfarrdorf Kärntens, in St. Lorenzen in der Reichenau, beginnt der Brauch schon am Vortag von Christi Himmelfahrt, also elf Tage vor Pfingsten. Die Figur des Auferstandenen wird mit einem Fähnchen in der rechten Hand durch die Felder getragen, wodurch die Felder gesegnet werden. Während der eigentlichen Messe werden zwei Engel aus einer Luke im Chorraum herabgelassen, sie tragen eine brennende Kerze und werden mit der Aufhängeschnur in eine Drehbewegung versetzt. Sind die Engel in Kopfhöhe, hängt der Mesner den Auferstandenen zwischen die beiden Engel an eine Schnur. Unter Glockengeläute, Gesang und Böllerschüssen werden die drei Figuren in eine Drehung versetzt und nach oben gezogen. Aus der Blickrichtung, in die Jesus schaut, bevor er in die Luke gezogen wird, kommen im Sommer angeblich die „schiachn Wetter“.

Eisheilige

Die Eisheiligen, auch Eismänner oder gestrenge Herren genannt, sind die Bezeichnungen für ein meteorologisches Phänomen (Kältewelle), das zwischen dem 12. Mai (Pankratius) und dem 15. Mai (Sophie) auftritt. Auslöser ist die Tatsache, dass sich die kontinentalen und ozeanischen Regionen Europas unterschiedlich schnell erwärmen. Daraus ergibt sich eine Hoch-/Tief-Konstellation, die dazu führt, dass kalte Luftmassen aus Nordeuropa weit nach Süden stoßen. Daher ist an diesen Tagen vermehrt mit Nachtfrost, gelegentlich sogar mit Schneefall zu rechnen.

Dass die Eisheiligen die Namen Pankratius (12. Mai), Servatius (13. Mai), Bonifatius (14. Mai) und Sophie (15. Mai) tragen, ist Zufall und hat keinen Konnex zu deren Lebensgeschichte. Konkret handelte es sich bei den „gestrengen Herren und der Dame" um Märtyrer und einen Bischof.

Pankratius ist einer der 14 Nothelfer sowie Patron der jungen Saat und Blüten. Er erlitt unter Kaiser Diokletian 305 mit nur 14 Jahren den Märtyrertod.

Servatius war im 4. Jahrhundert Bischof von Tongern (Belgien). Er wurde durch sein segensreiches Wirken weit über die Grenzen Belgiens bekannt.

Bis zu seiner Bekehrung lebte der römische Güterverwalter Bonifatius, ein äußerst sündiges Leben. Danach wandte er sich jedoch dem Christentum zu und erlitt ebenfalls im Rahmen der diokletianischen Christenverfolgung den Märtyrertod.

Auch die als „kalte Sophie“ Bezeichnete, musste unter Kaiser Diokletian in Rom um 305 dem Märtyrertod entgegenblicken.

Vor allem für Bauern, Winzer und Gärtner haben die Eisheiligen auch heute noch eine große Bedeutung. Aus dem Brauchleben ist das Entzünden von Feuern bekannt, die durch Wärme- und Rauchentwicklung dem Frost Einhalt gebieten sollen. Die zahlreichen Bauernregeln untermauern die große Gefahr für Saat und Vieh und empfehlen, erst nach den Eisheiligen Almauftriebe und Pflanzungen durchzuführen. Zwar kann man nach deren Datum nicht mehr, wie noch vor 100 Jahren sprichwörtlich „die Uhr stellen“, ein häufiges Auftreten einer Kaltwetterperiode ist jedoch nachgewiesen und selbst erlebbar.

Kufenstechen im Gailtal

Dieser Reiterbrauch ist mittelalterlichen Ursprungs, der auf höfische Ritterspiele zurückgeht und in Feistritz im Gailtal zu Pfingsten, also 50 Tage nach Ostern gefeiert wird. Ein Holzfass, die Kufe, wird auf einem Pfahl aufgesetzt, und von den Burschen des Ortes, die auf ungesattelten Pferden vorbeireiten, mit einer Eisenstange zerschlagen. Am Ende werden die Eisenringe, die die Kufe zusammenhalten, auch wieder im Galopp, von den Burschen mit der Eisenstange aufgenommen, daher Kufenstechen. Derjenige, dem es gelingt, die Kufe endgültig zu zerschmettern, ist Sieger und erhält den bunten Siegerkranz. Im zweiten Teil dieses beliebten Brauchtumsfestes warten die Mädchen des Ortes in ihren historischen Untergailtaler Trachten unter der Dorflinde auf die Kufenstecher, mit denen sie den Lindentanz tanzen. Der zweisprachige Gesang, das berühmte Lindentanzlied vereint Jung und Alt. Auch in anderen Gailtaler Gemeinden gibt es das Kufenstechen als Höhepunkt im Kirchtagsbrauchtum.

Kranzelreiten in Weitensfeld

Dieser Pfingstbrauch vereint zunächst die Kranzelreiter um zwölf Uhr im Herzelehof. Danach wird – jährlich wechselnd – Altenmarkt oder Zweinitz angeritten und zum eigentlichen Kranzelreiten am Pfingstmontag eingeladen. Nach ihrer Rückkehr nach Weitensfeld reiten die Kranzelreiter von Haus zu Haus und singen lustige „Gstanzln“, dabei wird so manches peinliche Vorkommnis in Form eines Rügegerichtes und in Versform zu Gehör gebracht.

Am Pfingstmontag nachmittags findet das eigentliche Wettrennen statt. Die Reiter galoppieren zunächst dreimal über den Platz, über die Rennstrecke der Läufer. Sie tragen den typischen hellen Lodenrock mit schwarzer Hose. Danach kommt es zum Wettlauf. Drei Burschen, welche aus den Reihen der neuen Hausbesitzer, der Gewerbetreibenden oder Freiberufler ausgewählt wurden, treten zum Rennen an. Die Reiter folgen ihnen. Der Sieger des Wettlaufes wird auf ein Pferd gesetzt und von den beiden Verlierern geführt. Er erhält den Siegerkranz, ein Seidentüchel und ein Paar Strümpfe, der zweite ein Wolltuch und ein Myrthensträußchen, der dritte Wettläufer ein Baumwolltüchel sowie ein Büschel Schweineborsten. Der Sieger darf die Marktfigur, die steinerne Jungfrau küssen.

Reiftanz in Hüttenberg

Der Erzbergbau in Hüttenberg war für Jahrhunderte Kärntens Haupteisenlieferant. Die Hüttenberger Bergleute wurden schon früh mit besonderen Rechten ausgestattet. Sie durften pro Quartal eine Bruderschaft abhalten. Diese Versammlung der Bergleute mit ihrer Bruderschaftskasse war ein Vorläufer heutiger Branchenversicherungen. Werksbesitzer und Knappen waren mautfrei gestellt und brauchten keine Steuern zu bezahlen. Sie leisteten früher auch keinen Wehrdienst. Auf den Wochenmärkten durften die Bauern erst einkaufen, wenn die Knappen ihren Bedarf gedeckt hatten. Ferner hatten die Knappen im Berggebiet Holzrecht sowie für ihre Tiere freies Weiderecht. Zu den Freiheiten der Knappen zählte auch das Recht, am Dreifaltigkeitssonntag einen Umzug zu veranstalten. Dieses Recht geht auf das Jahr 1742 zurück, aber damals noch ohne Reiftanz.

Das Laubhüttenfest und der Reiftanz sind jüngeren Ursprungs. 1759 gab es einen Streik und damals übten Tiroler Sprengknappen, die nach Hüttenberg versetzt worden waren, zusammen mit den einheimischen Knappen wohl aus Langeweile den Reiftanz. Als nach einem Jahr der Streik aufgehoben wurde, beschloss man anlässlich eines Dankgottesdienstes, den Reiftanz und das Laubhüttenfest abzuhalten. Dieses findet nun alle drei Jahre statt. In der Karwoche werden die Haselstöcke für die Tanzreifen geschnitten und später mit Blumen geschmückt. Diese werden während des Rundtanzes, den ausschließlich Männer ausführen, mit beiden Händen gehalten. Am Dreifaltigkeitssonntag treffen sich die aktiven Teilnehmer an den traditionellen Sammelplätzen. An der Spitze der Gruppen marschieren die Fähnriche mit den historischen Fahnen der ehemaligen vier Hüttenberger Hauptgewerken. Am oberen Ende des Platzes ordnen sich die Gruppen zum Festzug, der von den 24 Reiftänzern angeführt wird. Der Festzug bewegt sich zum unteren Marktplatz, wo in der Mitte der Fahnenjunker die weiße Bruderschaftsfahne aus dem 18. Jahrhundert schwingt.

Die weiße Fahne symbolisiert den Zusammenhalt der Knappen. Nach dem figurenreichen Reiftanz müssen sich ausgewählte Gäste das „Pritschen“ gefallen lassen. Die Pritschbank steht an der gleichen Stelle, wo sich 1759 die Strafbank befand, auf der den Knappen nach dem großen Streik öffentlich Stockhiebe verabreicht worden sind. Nach der Pritschzeremonie darf jeder einen Schluck aus dem Knappenbecher tun, er muss dafür eine Spende in die „Lumperbutte“, die gemeinsame Kasse der Reiftänzer werfen. Seit dem Jahre 1978 ist der Bergbau eingestellt, heute ist die Freiwillige Feuerwehr Hüttenberg Träger dieses großen Schaubrauches.

Sonnwendfeuer

Der 21. Juni ist das astronomische Datum der „Sommersonnenwende". Ab diesem Zeitpunkt werden die Tage allmählich wieder kürzer. Erst am Thomastag (21. Dezember), dem Tag der „Wintersonnenwende", beginnen sie wieder länger zu werden.

Zu beiden Sonnwendterminen war und ist es Brauch, Feuer abzubrennen, wobei in Kärnten und Osttirol das „Scheibenschlagen" eine traditionelle Besonderheit darstellt.

Man spricht bei der Sommersonnenwende von Johannisfeuern, da unmittelbar danach, am 24. Juni, einer der wichtigsten Heiligen der katholischen Kirche, Johannes der Täufer, seinen Geburtstag hat. Bekanntlich feiert man nur noch den Geburtstag von Jesus und Maria. Allen anderen Heiligen gedenkt man an ihrem Todestag.

Das Abbrennen von Holzstößen ist über 1000 Jahre alt. Man wollte ursprünglich der von Gott geschaffenen Sonne für Licht und Kraft danken. Auch glaubte man über die Nachbildung der Sonne in der Form eines Feuerhaufens, Einfluss auf diese Naturkraft erhalten zu können.

In alter Zeit erhoffte man sich von den Feuern auch einen gesundheitlichen Nutzen und Schutz für

Mensch und Tier. So sollten Liebespaare, die über das kleiner werdende Feuer sprangen, eine lebenslange Verbindung erreichen bzw. diese festigen, wobei ein hoher Sprung auch hohes und schönes Getreide bedeutete. Die Weidetiere wurden rasch durch die Glut getrieben, um vor Blitzschlag und Seuchen geschützt zu sein. Üblich war auch das Aufstellen der Brauchtumsgemeinschaft mit dem Rücken zum Feuer. Dadurch glaubte man Schutz gegen Rückenschmerzen zu erreichen.

Der bedeutende österreichische Volkskundler, Dr. Viktor Geramb, brachte Klarheit betreffend die Sinnhaftigkeit von Feuerbräuchen. Demnach bestand fast bei allen Naturvölkern die Überzeugung, dass man auf Naturkräfte Einfluss nehmen kann, wenn man sie abbildet. Die Urmenschen zeichneten Mammutbilder, um Gewalt über sie zu bekommen. Durch Nachbildungen der Sonne erhoffte man Einfluss auf die Sonne zu erzielen. Eine besondere Wirksamkeit der Brauchhandlung erwartete man sich durch das Abbilden des Sonneninhalts in der Form des Feuers. Die Sonnwend- oder Johannisfeuer wurden zu Heils- und Reinigungsfeuern für Siedlung, Felder, Menschen und Tiere.

Die Besonderheit des Kärntner Brauchlebens, das „Scheibenschlagen“ wurde größtenteils verboten, da die Brandgefahr naturgemäß ein Problem darstellte, obwohl diese Brauchhandlung nur auf freien Anhöhen und Berggipfeln vorgesehen war. Wo es stattfindet, werden Holzscheiben mit einem Loch in der Mitte in das prasselnde Feuer geworfen, mit einem Haselstock wieder herausgefischt, in der Luft gedreht und anschließend in die Nacht hinausgeschleudert. Dabei werden die ersten Scheiben als sogenannte „Ehrenscheiben“ namentlich besonders verdienten Persönlichkeiten gewidmet. Anschließend werden die Heimlichkeiten und Verfehlungen im Sinne eines „Rügegerichtes“ mit jeder geschleuderten Scheibe der Gemeinschaft bekannt gegeben. So heißt es z. B. „Schibale, Scheibale drah dih nur gschwind – die Hausser-Zenzi kriagt heuer a Kind“, oder „Schibale, Scheibale flieg lei recht weit – der Hansi vom Bruckner wird nimmer mehr gscheit“. Dabei durften die betreffenden Personen nicht beleidigt sein, denn das hätte zur Missachtung durch die Gemeinschaft geführt.

Johannisfeuer werden von Musik, Tanz und Liedern bis kurz vor Mitternacht begleitet. Danach erfolgt ein rascher Abbruch, denn der Aberglaube verrät, dass anschließend der Teufel mit den Hexen zu tanzen beginnt.

Peter und Paul (29. Juni)

Die Heiligen Peter und Paul stehen in der Rangfolge der kirchlichen Heiligen weit oben. Peter, also Petrus, wurde von Jesus selbst als Fels betrachtet, auf dem seine Kirche stehen wird. Der Apostel Paulus war intellektuell, sprach- und redegewandt und bot daher ideale Voraussetzungen, um die Lehre Christi in Kleinasien, Mazedonien, Griechenland und Spanien bekannt zu machen.

Beide Apostel haben unter Kaiser Nero den Märtyrertod erlitten.

Ihre Erkennungssymbole (Attribute) sind das Schwert, das Buch oder die Schriftrolle. Petrus wurde auch der Schlüssel zur Himmelspforte zugeordnet.

Für das Brauchleben Kärntens ist der „Peter- und Paul-Tag“ wichtig. Im Dom zu Gurk gedenkt man der heiligen Hemma.

Wallfahrten dorthin sind beliebt und das Sitzen auf dem sogenannten Hemmastein wurde zu einer weithin bekannten Hilfe zur Förderung der Fruchtbarkeit.

Die Erteilung des Augensegens gehört zu den besonders geschätzten Höhepunkten einer Wallfahrt nach Gurk.

Das Grab des seligen Briccius in der Kirche von Heiligenblut ist für die Mölltaler Bevölkerung ein beliebtes Ziel für Wallfahrten. Eine der anstrengendsten Wallfahrten findet am Vortag von „Peter und Paul“ statt. Sie führt von Fusch im Pinzgau (Salzburg) über die Hohen Tauern nach Heiligenblut. Ursprünglich wanderte man querfeldein, also über Geröllhalden, wobei Säumerwege oder andere Pfade gemieden wurden.

Ringen im Nockgebiet

Für das Brauchtum im Nockgebiet ist der „Peter- und Paul-Tag“ von besonderer Bedeutung. Es beginnt das „Ranggeln“, eine besondere Art des bäuerlichen Ringens. Man sagt, dass auf der Kaiserburg bei Kleinkirchheim bereits vor mehr als 500 Jahren „geranggelt“ wurde. Mit überlieferten Handgriffen und Beinschlägen wird der mit einer einfachen Ringerjacke bekleidete Gegner zum Berühren des Bodens gebracht. Verlierer ist, wer zumindest mit zwei Fingern der Hand oder mit dem Ellebogen den Boden berührt.

Das erste Ranggeln findet üblicherweise auf der Gerlitze statt. Im Juli veranstaltet Sirnitz ein Ringen auf dem Alpl nahe Hochrindl. Am ersten Sonntag im August verlagert sich das Ranggeln auf die Geigerhütte am Wöllaner Nock. In St. Lorenzen ob Ebene Reichenau wird am 15. August (Großer Frauentag) eine feierliche Messe unter Begleitung von erfahrenen Volksmusikanten und Sängern verschönt. Danach findet das Ranggeln statt.

Weitere traditionelle Ringertratten sind in Wachsenberg bei Feldkirchen, in Arriach, Deutsch Griffen, am Eingang zur engen Gurk und anderen Punkten der Nockalm-Region.

Sommerfeste

Der Sommer war und ist die arbeitsreichste Zeit für die Bauern. In früheren Tagen, als der Großteil der Bevölkerung noch mit der Landwirtschaft zu tun hatte, war der Sommer daher eine relativ brauchlose Zeit. Lediglich die Kirchweihfeste boten in der heißen Jahreszeit Gelegenheit für Feste und Ablenkung von der mühsamen Arbeit.

Das ist heute naturgemäß völlig anders. Der Sommer, die Ferienzeit, ist die Zeit der Feste für Kärntner und Gäste aus nah und fern. Unzählig in ihrer Art und Ausrichtung sind die ehemaligen Allerweltskirchtage heute sehr vielfältig und bunt. Der Bogen reicht vom traditionellen und altüberlieferten Dorfkirchtag, von den Feuerwehrfesten und anderen Zeltfesten über die Gipfelmessen mit Almkirchtagen, bis zu den kulinarischen Großfesten um Schinken, Speck, Käse, Polenta, Hadnsterz und vielen mehr.

Ein Höhepunkt im Kärntner Brauchtumsjahr ist sicher der Villacher Kirchtag mit der Brauchtumswoche um den Jakobustag. Dieses größte Kärntner Brauchtumsfest findet schon seit 60 Jahren statt und zieht Jahr für Jahr mehr Besucher an.

Vor allem die Zahl der italienischen Gäste nimmt ständig zu. Der Verein „Villacher Kirchtag“ ist sehr bemüht, der Tradition eine Schneise zu schlagen. Die Brauchtumsveranstaltungen, das Singen und Tanzen in der ganzen Innenstadt sind daher bei aller Kommerzialisierung authentisch und echt geblieben. Eine neue Entwicklung hat Reinhard Eberhart aufgezeigt und eingeleitet: Das „Ackern“. Unter dem Signet der Sonnenblume ist diese moderne Festform zwischen traditioneller Brauchtumspflege und neuen folkloristischen Veranstaltungsmustern anzusiedeln. Gemeinschaftspflege und Familienfreundlichkeit sprechen für diese Veranstaltung ebenso wie das Spiel mit der überlieferten Volkskultur. Die Versatzstücke von Erntedank, Kirchtag und Dorffest werden genützt.

Villacher Kirchtag

Der Villacher Kirchtag gilt nicht nur als größtes Volksfest Kärntens (330.000 Besucher), sondern ist ob der Tatsache, dass das Villacher Zentrum zur Kirchtagsstadt in der Stadt wird, einzigartig.

Die Anfänge dieser wichtigen Veranstaltung reichen auf das Jahr 1936 zurück. Als Datum für den Kirchtag wurde der 1. Samstag im August auserkoren. Damit orientierte man sich an der Verordnung des Kaiser Friedrich II., der der Stadt Villach 1225 das Recht einräumte, im Zeitraum 14 Tage vor und nach dem Jakobitag (25. Juli) einen Jahrmarkt abzuhalten.

Die Feierlichkeiten wurden in den folgenden Jahren stets um weitere Programmpunkte und Unterhaltungsmöglichkeiten für die Besucher ergänzt, sodass die Bedeutung des Villacher Kirchtages, dessen Austragung nur während des Zweiten Weltkrieges eine Unterbrechung fand, stets zunahm. So etablierte der Villacher Kirchtagsverein als Veranstalter des Kirchtages eine „Kirchtagswoche“, in der bereits Stände und Rahmenveranstaltungen zum Verweilen in der liebevoll geschmückten Altstadt einladen.

Zu dieser Zeit ziehen auch die in alte Trachten gekleideten „Kirchtagslader“ durch Villach und erbitten für ihre Darbietungen Spenden, die für wohltätige Zwecke weitergegeben werden.

Die Draustadt selbst zeigt sich in der Kirchtagswoche in ihrem schönsten Gewand: Das Zentrum ist für den Verkehr gesperrt und wird durch eigens aufgestellte Stadttore nach außen hin begrenzt. Unzählige Fahnen, bunte Girlanden, tausende Glühlampen bei Nacht und nicht zuletzt die freundlichen Aussteller in ihren Buden und Schenken verleihen der Stadt ein einmaliges Flair.

Das bunte Treiben findet am Samstag mit dem traditionellen Trachtenumzug seinen fulminanten Höhepunkt. Bereits um 14 Uhr beginnen auf den Tanzböden Darbietungen mehrerer Volkstanzgruppen, ehe sich der eindrucksvolle Zug mit über 4.000 Trachtenträgern aus dem In- und Ausland in Bewegung setzt. Allein der Umzug lockte im Jahr 2010 50.000 Besucher an, die noch bis tief in die Nacht tanzten und die wunderbare Atmosphäre genießen konnten.

Marienschiffsprozession

Ein erst seit 1954 bestehender, sehr romantischer Brauch ist die Marienschiffsprozession, die jedes Jahr zu Maria Himmelfahrt (15. August) auf dem Wörthersee stattfindet.

Dabei verdanken wir die Entstehung dieser schönen Tradition einem Zufall. Im Jahre 1954 erhielt nämlich die St. Josef-Kirche in Klagenfurt-Siebenhügel aus dem berühmten Wallfahrtsort Fatima (Portugal) eine Marienstatue. Um diese festlich zu begrüßen, beschloss man, sie auf dem Schiffswege von Velden nach Klagenfurt und später in einer Lichterprozession bis an den Bestimmungsort – die St. Josef-Kirche – zu bringen. Die Begeisterung über diese neuartige Pilgerfahrt war derart groß, dass man sich entschloss, auch in den darauf folgenden Jahren eine Schiffsprozession auf dem Wörthersee durchzuführen.

Die Feierlichkeiten beginnen jeweils um 18 Uhr in Klagenfurt mit Ansprachen, Gebeten und Musik. Nach ca. eineinhalb Stunden legen die geschmückten Schiffe Wiesbaden, Kärnten und Klagenfurt in Richtung Krumpendorf ab und haben dabei einen besonderen Gast an Bord – die Marienstatue aus Klagenfurt-Siebenhügel. Die Prozession führt danach

nach Pörtschach und Velden. An allen Zwischenstationen werden die Schiffe von Fanfaren begrüßt und den Pilgern auf den Schiffen und an den Anlegestationen vom Bischof der Segen erteilt. Den Höhepunkt der Schiffsprozession erleben die Teilnehmer in Maria Wörth. Hier erfolgt die feierliche Marienweihe. Wenn sich die Schiffe wieder in Bewegung in Richtung Klagenfurt setzen, erklingen die Glocken der Wallfahrtskirche in Maria Wörth, die bald vom lauten Knallen des beeindruckenden Großfeuerwerkes, das alljährlich von der Gemeinde ausgerichtet wird, abgelöst werden.

Die Schiffsprozession ist ein wunderbares Beispiel gelebten Brauchtums, dessen Bedeutung als wichtiges Ereignis im Kärntner Sommer durch Tausende Besucher aus nah und fern jedes Mal aufs Neue untermauert wird.

Bleiburger Wiesenmarkt

Der seit 1393 jährlich stattfindende Bleiburger Wiesenmarkt ist nicht nur das älteste, sondern auch das größte Volksfest Unterkärntens. Es wird jeweils um den Tag des St. Egydi (1. September) an vier aufeinanderfolgenden Tagen abgehalten.

Der Ursprung dieses für die Region bedeutenden Festes findet sich in der im Gründungsjahr wirtschaftlich problematischen Lage Bleiburgs. Nach schweren Verwüstungen verlieh Herzog Albrecht 1393 das Recht zur Abhaltung eines Wiesenmarktes, der jeweils am 15. August stattfinden sollte. Dieser wurde bereits nach wenigen Jahren ein wirtschaftlich bedeutendes Fest, bei dem es nicht selten zu Streitigkeiten zwischen den Marktteilnehmern kam. Zur Schlichtung eben dieser wurde ein eigener Stadtrichter gewählt, der auch die „Mietgebühr" für die Wiese, auf die der Markt verlagert wurde, aushandelte. Der 1428 unterfertigte Vertrag sieht vor, dass dem Besitzer der Wiese ein roter Samtbeutel mit 35 Gramm Muskat und Gewürznelken sowie der kleinsten sich im Umlauf befindlichen Münze als Anerkennung für die Benützungsmöglichkeit übergeben wird … dieses Rechtsgeschäft besitzt auch heute noch seine Gültigkeit und stellt einen der ältesten Verträge Europas dar.

Der Bleiburger Wiesenmarkt entwickelte sich im Laufe der Zeit zum bedeutendsten Viehmarkt Kärntens. Nach und nach wurde das Sortiment immer breiter (Geschirr, Kleidung, Werkzeug) und der Markt zu einem Volksfest.

Als Mahnmal für die Einhaltung des Marktrechtes wurde und wird am Hauptplatz die sogenannte Freyung, eine lange geschmückte Stange, auf der ein Arm mit einem Schwert befestigt ist, aufgestellt.

Die lange Tradition, verbunden mit einer behutsamen Adaption an die heutige Zeit (Vergnügungspark, gehandelte Güter), macht den Markt zu einem Erlebnis für Alt und Jung. Dies beweisen nicht zuletzt die beeindruckenden Fakten wie Besucherzahlen jenseits der 100.000, die bei den über 300 Händlern viele interessante Waren erstehen, oder sich einfach nur von den köstlichen gastronomischen Angeboten verwöhnen lassen können. Gäste und Schausteller aus nah und fern machen den Bleiburger Wiesenmarkt somit nicht nur zu einem gesellschaftlichen, sondern auch völkerverbindenden Ereignis, das auch in der Zukunft von großer Bedeutung sein wird.

St. Veiter Wiesenmarkt

Der Wiesenmarkt besteht seit über 600 Jahren und stieg einst zu einem der größten Vieh- und Krämermärkte Österreichs auf. Im 13. Jahrhundert, zur Zeit der Spanheimer, als St. Veit noch Landeshauptstadt war, setzte ein starker wirtschaftlicher Aufschwung ein, der seinen Höhepunkt im 16. Jahrhundert erreichte. Damals gelang es den St. Veiter Handelsherren, den Schwerpunkt des Handels mit dem Hüttenberger Eisen vom salzburgischen Althofen nach St. Veit zu verlagern. Herzog Rudolf IV. gewährte St. Veit das Privileg, dass 14 Tage vor oder 14 Tage nach dem Kirchweihfest außerhalb der Stadtmauern ein jeder Waren verkaufen dürfe. St. Veit war der erste Markt Kärntens, bei dem die Freyung eine Rolle spielte. Dieser Begriff bedeutete ursprünglich die Gewährung von Freiheiten, bald aber die Freiheiten selbst und den Ort, an dem sie gewährt wurden. Sichtbares Symbol dafür ist ein aus Holz geschnitzter Arm, der ein blankes, hochgerichtetes Schwert in der Hand trägt und der mit Blumen und Bändern geschmückt ist. Die St. Veiter Freyung bedeutete also zwei Wochen Schutz und Handelsfreiheit für Käufer und Verkäufer am Markt.

Die Freyung wird noch immer vor Marktbeginn auf dem Hauptplatz aufgestellt und erst am großen Marktsonntag, das ist der erste Sonntag nach Michaeli, auf die Marktwiese übertragen. Daran beteiligen sich unter anderem die sogenannten Trabanten, einst Fußbegleiter eines hohen Herrn. Die St. Veiter Trabantengarde, bestehend aus einem Hauptmann und zwölf Mann, hat ihren Ursprung vermutlich schon im 13. Jahrhundert. Der Festtag wurde früher mit einem großen Essen der Stadtrichter beendet. Während des Marktes wurde für alle auf den Markt gebrachte Ware die Stadtmaut eingehoben. Ein auswärtiger Marktbesucher, der in St. Veit nächtigte, musste dem Stadtrichter gemeldet werden. Die Wirte schlossen ihre Lokale bereits um 21 Uhr.

Der Almabtrieb

Auf den Kärntner Bergen wie den Hohen Tauern, den Karnischen Alpen, den Nockbergen und der Kor- und Saualpe gibt es ausgedehnte Almen, auf denen Rinder, Pferde, Schafe, Ziegen und Schweine die Sommermonate verbringen und sich am saftigen Grün erfreuen.

Während dieser Zeit kümmern sich Senner oder Sennerinnen um das Wohlergehen ihrer „Schützlinge“. Eine besonders anstrengende Zeit steht ihnen jedes Jahr zwischen dem 24. August (Bartlmätag) und dem 29. September (Michaeli) bevor. Der beißende Nordwind und nicht selten ein paar Schneeflocken als Vorboten des herannahenden Winters mahnen zum Almabtrieb. Zuvor muss die Almhütte gesäubert und deren Einrichtung verrückt werden, um den Almdämonen ein passendes Quartier zu bereiten und sie somit schon für den nächsten Sommer milde zu stimmen. Sogar für ihre Verpflegung muss gesorgt sein: Die Sennerin bereitet vor ihrem Aufbruch ins Tal Rumplernudel (haselnussgroße, in Schmalz gebackene Teiggebilde) zu, die sie zum Teil in der Hütte zurücklässt und zum anderen Teil an Menschen, die ihr beim Abtrieb begegnen, verteilt.

Gott
schütze
die
Natur

Vor dem Abmarsch werden die Tiere, so im Sommer kein Unheil passiert ist, prächtig geschmückt. Hierfür werden Kränze aus Fichten-, Lärchen- oder Zirbenzweigen, Almbuchsbaum und Speik geflochten. Zusätzlich werden kleine Spiegel und Flitter befestigt, die zusammen mit verlängerten Hörnern und Stirntafeln Schutz vor Dämonen bieten sollen.

Während früher dieser prächtige Schmuck primär der Geisterabwehr diente, ist er heute Symbol der Freude über die gesunde Heimkehr der Tiere. Natürlich müssen bei diesem freudigen Anlass auch die Senner und Sennerinnen passend gekleidet sein: sie treten den Almabtrieb mit festlichen Sonntagstrachten an. Wurde ihre Ankunft früher vor allem von den Bauern mit Freude und Spannung erwartet, so gesellen sich heutzutage viele Schaulustige an den Wegen zum Tal hinzu, die sich ebenso am bunten Anblick der Tiere erfreuen.

Allerheiligen und Allerseelen

Allerheiligen und Allerseelen sind bedeutende Festtage im Kirchenjahr, die dem Totengedenken, der damit verbundenen Besinnung auf die eigene Vergänglichkeit, aber auch der Auferstehungshoffnung gewidmet sind.

Wie aus dem Namen ersichtlich, steht bei Allerheiligen (1. November) das Gedenken aller Heiligen, das heißt nicht nur derer im Kirchenkalender vermerkten Märtyrer, sondern vielmehr jener, die durch ihr Wirken Vorbild für eine christliche Lebensweise sind, im Vordergrund.

Blickt man in der Geschichte zurück, so war es bereits zu Zeiten der Christenverfolgung üblich, den Todestag von Märtyrern feierlich in Erinnerung zu halten. Nach und nach wurde diese Tradition auch für Menschen, die nach christlichen Grundsätzen lebten, übernommen. Die Idee, das Heiligengedenken an einem fixen Tag, nämlich dem 1. November zu legen, entstand im 8. Jahrhundert in England und Irland und wurde von hier aus nach Kontinentaleuropa gebracht. 835 erklärte Papst Gregor IV. schließlich den 1. November offiziell zu einem hohen kirchlichen Festtag, der dem Gedenken an alle Heiligen dienen sollte. Aus dem Brauchtum ist der „Allerheiligenstriezel" bekannt, den Paten ihren Patenkindern als Symbol der Verbindung zwischen Leben und Tod schenken. Tage des Heiligen- und Totengedenkens waren früher naturgemäß auch Hochzeiten des Aberglaubens, von unheimlichen Ausblicken in die Zukunft und Riten, um auch gequälten Seelen zu helfen, wird beispielsweise in Geschichtsbüchern berichtet.

Erst der darauf folgende Tag – Allerseelen – ist allen Verstorbenen gewidmet. In vielen Pfarren finden Andachten und Messen statt, bei denen die Auferstehungshoffnung im Mittelpunkt steht.

Der nachfolgende Besuch der Gräber hat sich im Laufe der Zeit mehr und mehr auf den Allerheiligentag verlagert, da dieser als Feiertag die nötige freie Zeit dafür bietet. Der aufwendige Blumenschmuck und das Lichtermeer, das durch die angezündeten Kerzen die Friedhöfe vor allem bei Nacht in wunderbare Gedächtnisstätten verwandelt, sind eindrucksvolle Zeugen des liebevollen Gedenkens.

Hubertustag

Der Hubertustag am 3. November dient dem Gedenken an Bischof Hubertus von Lüttich, der aufgrund seines positiven Wirkens heiliggesprochen wurde und u. a. Schutzpatron der Jäger, der Natur und der Umwelt ist.

Der wohlbemittelte heilige Hubertus stürzte nach dem Tod seiner Frau in eine tiefe Krise und führte ein gottloses Leben. Eines Tages, als er seiner Lieblingsbeschäftigung, der Jagd nachging, erschien ihm ein Hirsch, der zwischen den Geweihstangen ein leuchtendes Kreuz trug. Betroffen sank Hubertus zu Boden und der Hirsch mahnte, über den Dingen dieser Welt das ewige Leben nicht zu vergessen.

Bekehrt von dieser Erscheinung, die als Hubertus-Legende gleichzeitig eine wichtige Grundlage des Jagdbrauchtums ist, veränderte er seinen Lebensstil radikal. Er verschenkte sein Vermögen, verzichtete auf seine bisherigen Ämter bei Hof und wurde schließlich Bischof von Maastricht und Lüttich. Durch sein Wirken entstand nicht nur ein wunderschönes Gotteshaus, sondern er galt bis zu seinem Tode als rastloser Missionar und Menschenfreund.

Martinstag

Der 11. November ist der Festtag des heiligen Martin von Tours, der als einer der ersten Nichtmärtyrer den offiziellen Heiligenstatus erlangte.

Der heilige Martin ist nicht nur Schutzpatron zahlreicher Kärntner Kirchen, sondern gilt auch als Schutzheiliger vieler Berufsgruppen (Soldaten, Gastwirte) sowie der armen Bevölkerungsschichten.

Er wurde um 316 im heutigen Ungarn geboren und trat gemäß dem Wunsche seines Vaters in die römische Armee ein. Als Soldat hoch zu Pferde soll ihm Christus in der Gestalt eines frierenden Bettlers erschienen sein. Der heilige Martin hat daraufhin seinen Mantel mit dem Schwerte geteilt und dem Bettler eine Hälfte gereicht. Nach seiner Taufe und dem Austritt aus der Armee wurde Martin zum Bischof von Tours geweiht. Sein positives Wirken führte zu einer Welle der Verehrung; zahlreiche Klöster, Städte, Burgen wurden nach ihm benannt und in Frankreich stieg er sogar zum Nationalheiligen auf.

Martini (lat. für Martin) ist in Kärnten von zahlreichen Bräuchen geprägt. So soll er sich aus Bescheidenheit in einem Gänsestall versteckt haben, um nicht zum Bischof geweiht zu werden. Das laute Schnattern der Tiere bewirkte jedoch, dass die Bevölkerung ihn fand und dass die Weihe wie geplant stattfinden konnte.

Auch für das Rechtswesen war der Martinstag früher von großer Bedeutung. So war dies der offizielle Beginn bzw. das Ende von Vertragsverhältnissen. Vor allem für Mietvertragsänderungen bei Grundstücken war der Termin sinnvoll. So war zu diesem Zeitpunkt die Ernte eingebracht und die Äcker bereit für die Bestellung im kommenden Frühjahr.

In vielen Pfarren finden zu St. Martin Andachten statt, Kinder ziehen mit bunten Laternen durch die Straßen und singen fröhliche Lieder. Besonders interessant wird Martini in St. Martin bei Feldkirchen gefeiert.

Einige Tage vor Martini werden nämlich an die örtliche Bevölkerung Lose verkauft. Während der Martinimesse bringen die Frauen ihre Opfertiere, das sind Hühner, Gänse, auch Ferkel in Steigen und Kartons zur Kirche. Nach dem feierlichen Hochamt findet der Martiniumzug statt, angeführt vom heiligen Martin hoch zu Ross. Dann folgen die Kinder mit ihren Opferwägelchen, die Blasmusik und die Kirchgänger. Am Dorfplatz werden die Opfertiere verlost. Jeder, dessen Losnummer mit der eines gezogenen Loses übereinstimmt, erhält ein Opfertier. Der Erlös dient der Renovierung der Kirche St. Martin.

Kathrein sperrt den Tanz ein

Am 25. November, dem Gedächtnistag der heiligen Katharina (Katharina von Alexandrien), die im 4. Jahrhundert gestorben sein soll, wurden ursprünglich die „Geigen eingesperrt". Hierbei handelte es sich um einen Wiener Brauch, der seit 1809 bestand.

In der Zwischenkriegszeit wurde er modifiziert und belebt. So fand der erste Kathreintanz nach Herbert Lager, 1935 ebenfalls in Wien statt. Seither sperrte man auch in anderen Gebieten „den Tanz ein".

Viel früher noch war der Martinstag der Beginn von Tanz- und Heiratsverboten (11. November) und der Fastenzeit!

Der Kathreinstag markierte etwas völlig anderes! Auf Kathrein endete die Weidezeit endgültig – auch auf niederen Gebieten. Die Schafe wurden geschoren. Die Dienstboten konnten ihren Arbeitsplatz wechseln und erhielten ihren Lohn. Dies führte möglicherweise dazu, dass der Tanz und der feuchtfröhliche Umtrieb vom Martinstag auf den Kathreintag verlegt wurden.

Interessant sind die vielen Attribute der heiligen Katharina, die sich besonders um den Schutz der Frauen, Gelehrten, Schüler und Buchdrucker kümmern soll.

Das zerbrochene Rad symbolisiert die Tatsache, dass sie wegen ihres christlichen Glaubens gerädert werden sollte; das Rad zerbrach! In der Folge wurde sie mit dem Schwerte – dem zweiten Attribut – enthauptet. Das Buch erinnert daran, dass Katharina kurz vor ihrer Hinrichtung 50 heidnische Wissenschaftler bekehrte. Die Palme auf dem Bildnis gilt als allgemeines Märtyrersymbol.

Die Klöckler

Bis in die Zeit des germanischen Heidentums zurück reicht der Brauch des Klöckelns. In dieser frühen Zeit meinte man, dass böse Wintergeister umgehen, die den Winter verursacht haben. Sie sollten durch lärmende Burschen verscheucht werden, die maskiert und mit umgehängten Kuhglocken auf die Türen der Häuser schlugen. Auf diese Weise wollten sie für sich und für die besuchten Menschen Segen verschaffen.

Die Schwerpunkte dieses Kärntner Brauches sind das Drautal, Mölltal, Malta- und Liesertal sowie das Gegendtal vom Ossiacher See bis zum Millstätter See.

Geklöckelt wird an den Donnerstagen und teilweise auch an Dienstagen. Lediglich am Donnerstag vor Weihnachten, dem sogenannten Lisnerabend, wurde nicht geklöckelt. An diesem Abend glaubte man die Tiere durch die Stallwand sprechen zu hören. Man konnte von künftigen Todesfällen in der Familie und Gemeinde etwas erfahren.

Im Drautal gehen ältere Kinder und Jugendliche am Donnerstag vor und nach Nikolo durch das Dorf und lärmen mit Schlagstöcken. Gaben der Bewohner werden in einem mitgenommenen Jutesack verstaut.

In Afritz beginnt man mit dem Klöckeln schon am 1. Donnerstag nach Kathrein (26. November).

Die Klöckler begehren stets bei den Häusern um Einlass, der ihnen zunächst nicht gewährt wird. So singt die Bäurin im Hause z. B.: „Klöckler sind wohl fesche Leut, haben ah mit enk a Freud. Aber kropfat und zahnluckat seids mir z'viel. I wer erst aufmachn, wann i will." Die Klöckler pochen weiter und rufen: „Mir schau ma schoan durchs Schlüsselloch. Die langen Bratwürst hängen noch. Mir hör ma schon die Schlüssel klingen. Sö wern uns wohl a Jausn bringen. Mir hör ma schon die Scheiter krachn. Sö wern uns wohl ane Krapflan bachn." Darauf antwortet die Hausfrau: „Klöckler, hiats kints einergeahn, aber singen müassts halt ah noch schean!"

Die Klöckler treten ein und finden eine reichliche Jause vor. Sie singen alte Klöcklerlieder, essen und ziehen wieder von dannen. Überall wünschen sie Glück, Gesundheit und eine gute Ernte. Die ursprüngliche Vermummung wurde zwischenzeitlich aufgelassen, da das Verjagen von Wintergeistern kein Anliegen mehr sein konnte. Auch heute noch legen viele Menschen Wert darauf besucht zu werden, da das Wohlergehen der Menschen, Tiere, des Ackers und Feldes in Zusammenhang mit diesem sehr alten Brauch gesehen wird.

Hl. Andreas

Am 30. November gedenkt man des heiligen Apostel Andreas, der zu den ersten vier von Jesus berufenen Jüngern zählt. Andreas missionierte daraufhin in den Gegenden südlich des Schwarzen Meers, den unteren Donauländern und Griechenland. Am 30. November 60 soll Andreas an einem schräg gestellten Kreuz (Andreaskreuz) den Märtyrertod erlitten haben.

Bis ins 9. Jahrhundert endete am Andreastag das Kirchenjahr. Aus dieser Tatsache entstanden die für den Jahreswechsel typischen Orakelbräuche. Für die ländliche Bevölkerung war vor allem die Andreasnacht als erste „Lösslnacht“ bedeutend. So hofften junge Frauen, durch bestimmte Liebes- und Heiratsorakel einen Blick in die eigene Zukunft erhaschen zu können. Ein beliebtes Hilfsmittel um die Zukunft zu erforschen, war das Bettstattltreten: Nach dem Beten von drei Vaterunser sprach das Mädchen: „Bettstattl i tritt di, Andreas i bitt di, lass mir beim Träumen mein Liebsten erscheinen.“ Im Traum erschien dann vielleicht der Zukünftige. Auch das Zaunsteckenzählen und Zockelwerfen wurden oft praktiziert: „Schuah aus, Schuah ein, wo wer i übers Jahr sein.“

Sehr beliebt war das Prügelzählen. Während der Abenddämmerung holten die Mädchen Holzscheiter in die Stube. Die Scheiter wurden gezählt und eine gerade Anzahl bedeutete eine glückliche Heirat.

Im Liesertal herrschte die Überzeugung, dass am Andreastag Verstorbene sofort in den Himmel kommen würden. Aus all diesen Bräuchen und Sagen erkennt man die Bedeutung dieser mystischen Nacht, die vor allem in ländlichen Gebieten auch heute noch einen besonderen Status genießt.

Der Christkindlmarkt

Christkindlmärkte haben einen eigenen Zauber. Sie lassen einen aus der vernunftbetonten Berufswelt für kurze Zeit entfliehen. Man fühlt die weihnachtliche Romantik vergangener Zeiten und kauft Dinge, die nicht lebensnotwendig sind. Zumeist ist es Nahrung für die Seele. Der direkte Kontakt zwischen Käufer und Verkäufer lässt die alte Greißlertradition wieder aufleben.

Bereits gegen Ende des 15. Jahrhunderts entstanden in der Vorweihnachtszeit in den großen Städten Märkte, wo Spielzeugmacher, Korbflechter, Wachszieher, Bäcker, Krippenschnitzer u. a. m. ihre kleinen Kunstwerke anboten. Geschenkt wurde zu Nikolo oder Silvester. Diese Vorläufer unserer Christkindlmärkte wurden mit dem Aufkommen des Weihnachtsfestes mit Lichterbaum zu den eigentlichen Weihnachts- bzw. Christkindlmärkten. Der Berliner Bankier, Herr Adam von Arnstein, gilt als Erster in Österreich, der 1814 in Wien in der Annagasse einen Christbaum hatte. Die beginnende Biedermeierzeit förderte die Verbreitung des Weihnachtsfestes und damit der Christkindlmärkte in ganz Österreich. Zwischen 1840 und 1850 kam der Brauch des Christbaumaufstellens auch nach Kärnten. Adelige und hohe Bürger waren die ersten Wegbereiter für das Aufkommen des Lichterbaumes und damit auch der Christkindlmärkte.

Im wirtschaftlich schwachen Kärnten hatten Christkindlmärkte zu dieser Zeit kaum Bedeutung. Erst in den letzten Jahrzehnten entstanden in den größeren Städten nach und nach liebevoll gestaltete Märkte, die von der Bevölkerung sehr gut angenommen wurden.

Kärntens bedeutendster und von vielen als schönster Christkindlmarkt Österreichs bezeichneter befindet sich in der Landeshauptstadt Klagenfurt am Wörthersee. Bei einem Besuch des wunderschön geschmückten Neuen Platzes kann man duftenden Weihrauch, handbemalte Kerzen, Wollpantoffel und vieles mehr erstehen, was das schönste Fest im Jahr noch schöner macht. Auch für das leibliche Wohl ist gesorgt: Glühwein, Maroni, Altkärntner Peitschenwürste wärmen und verwöhnen Gaumen und Körper. Nicht zuletzt aufgrund der über 60 Veranstaltungen, die den Christkindlmarkt mit weihnachtlichen Klängen versehen, ist Klagenfurt auch Destination Tausender Touristen aus den Nachbarregionen. Allesamt haben bereits erkannt, dass ein Besuch des Christkindlmarktes ein guter Weg ist, dem beruflichen Stress für ein paar Stunden zu entfliehen, um in eine romantische Weihnachtswunderwelt einzutauchen.

s Christkindl

Barbaratag

Die heilige Barbara ist die Schutzpatronin der Bergleute, der Artilleristen, Glöckner, Architekten und Waffenschmiede. Um ihren Gedenktag, den 4. Dezember, ranken viele Legenden und Bräuche, die zweifelsohne das Resultat ihrer bewegten Lebensgeschichte sind.

Die heilige Barbara lebte im 3. Jahrhundert in der heutigen Türkei. Sie war die Tochter eines reichen Geschäftsmannes, der sie aus Angst, sie könne ihre Unschuld verlieren, während seiner Reisen in einem Turm mit zwei Fenstern einsperrte. Heimlich lernte sie das Christentum und seine Lehren kennen und ließ sich während einer Geschäftsreise ihres Vaters taufen. Auch den Turm ließ sie mit einem dritten Fenster – angelehnt an die Dreifaltigkeit – ausstatten. Als der Vater von ihrer Konvertierung erfuhr, zeigte er sie an. Sie wurde festgenommen und später hingerichtet. Den Vater traf kurz nach dem Verrat der Blitz.

Der wohl bekannteste Brauch rund um den Barbaratag ist der, Kirsch-, Kastanien-, Pflaumen- oder Holunderzweige abzuschneiden und in eine Vase zu stellen. Blühen die Knospen bis zum Christtag auf, so kann man von einem guten neuen Jahr ausgehen.

Der Ursprung für diesen Brauch liegt in einer Legende. So soll Barbara während ihrer Gefangenschaft einen Kirschzweig mit Wasser benetzt haben, sodass dieser kurz vor ihrer Hinrichtung erblühte. Da der Barbaratag zu Beginn des ursprünglichen Kirchenjahres lag, bot er als Lostag – also wie der Andreastag oder Thomastag –, die Möglichkeit, in die Zukunft zu blicken. Hierfür ist der Brauch, einen Zweig zum Erblühen zu bringen nur ein Beispiel. Weitere Ausblicke sind auf den Gebieten der Meteorologie, der Vermögensentwicklung und der Liebe gewagt worden.

Ihre Popularität verdankt die Heilige aber auch einer weiteren Sage. So soll Barbara kurz vor ihrem Tod die Verheißung erhalten haben, dass niemand, der sie anruft, ohne Sakramentempfang stirbt. Aufgrund dieser Legende war die tägliche Anbetung der Heiligen bei den Christen früher de facto zwingend.

Nikolaus und Krampus

Der Festtag des heiligen Nikolaus ist der 6. Dezember. Als historisches Urbild gilt ein wundertätiger Bischof, der um 300 n. Chr. in Myra (Kleinasien) lebte. Es wurden ihm viele Legenden zugeschrieben, wobei die Zahl „3“ stets eine wichtige Rolle spielte. Er besuchte in der Nacht drei Mädchen, denen er drei Goldklumpen schenkte, damit sie sich nicht verkaufen mussten. Er soll drei Schüler wieder zum Leben erweckt haben. Dreifache Hilfe leistete er Schiffsleuten, die im Sturm zu kentern drohten. Er soll drei Feldherren gerettet und drei Verurteilte vor dem Tod bewahrt haben. Der Nikolaus lebte ähnlich wie Christus. Er tat nur Gutes und rettete Menschen vor Sünde und Verderben.

Die Profanisierung des heiligen Nikolaus bis in unsere Zeit war ein langer und teilweise unklarer Weg. Sie begann mit einer bildlichen Verniedlichung seiner Person. Die religiöse Botschaft trat in den Hintergrund.

Dafür sorgte auch das Aufkommen des Protestantismus, der Heilige als Fürsprecher bei Gott ablehnte, was naturgemäß die religiöse Bedeutung des heiligen Nikolaus reduzieren musste.

Luther wollte den Tag des heiligen Nikolaus als Geschenktermin auflösen und so verlegte man das Schenken im Zuge der Reformation auf das Weihnachtsfest.

Als Vorbild für den brauchtümlichen Nikolaus kann der sogenannte „Knabenbischof" gesehen werden. Es war ein für eine kurze Zeit gewählter Bischof, der in Klosterschulen die Stelle eines Leiters annahm. Dieses Spiel lässt sich erstmals 912 in St. Gallen (Schweiz) und im 11. Jahrhundert in Rouen (Frankreich) nachweisen. Gegen Ende des Mittelalters war dieses Spiel generell in den kirchlichen Schulen sehr verbreitet. Der Kinderbischof durfte loben aber auch strafen. Für gute Taten durfte er teilweise auch geringfügige Geschenke geben. Da der Kinderbischof großen Zuspruch hatte, verlegte man den Tag seiner Inthronisation vom „Unschuldigen Kindertag" auf den „Nikolo-Tag". Ein liturgischer Dienst war damit nicht verbunden. Es entwickelte sich in der Folge der Brauch von Bischofsumzügen, die zu Heischegängen und Lustspielen umschlugen, bis sie letztlich verboten wurden.

In der Folge nahm sich die Gegenreformation der Entwicklung des Nikolo-Brauchtums an. Seit dem 17. Jahrhundert entwickelte sich ein „Einkehrbrauch" bzw. „Einlegebrauch" zugunsten der Kinder.

Anfänglich war es eher das Einlegen von Apfel, Nuss und Mandelkern (Schuhe, Strümpfe, Gabenteller), später verlegte man den Ort der Beschenkung in das Hausinnere. Auf diesen in ganz Europa verbreiteten Brauch baute die gegenreformatorische Strategie auf. Das Nikolo-Fest veränderte sich von einem öffentlichen zu einem privaten Spiel. Dabei erhielt der Nikolaus einen Diener beigestellt.

Den Kindern sollte bewusst gemacht werden, dass das Leben zwischen Gut und Böse stattfindet. Das Böse musste bestraft werden. Dies sollte der Krampus (Stadt) oder der Bartl (Land) in Unterordnung des Nikolaus durchführen.

Bis heute gehen Nikolaus und Krampus auch in Kärnten von Haus zu Haus. Die Anmeldungen bei den Kirchenämtern für einen Nikolo-Besuch nehmen sogar zu.

Neben dem üblichen „Nikolo- und Krampusgehen" gibt es in Kärnten zwei Sonderformen. Sie betreffen das Gebiet um Suetschach im Rosental, wo der sehr verdienstvolle Pfleger des Krampusbrauchtums, Herr Ing. Moser, ein großartiges Museum eingerichtet hat. Auch die Arbeiten der bekannten Kärntner Puppenkünstlerin, Maria Schischegg, sind in diesem Museum zu bewundern. Der Besuch dieser wichtigen Kärntner Kultureinrichtung ist ganzjährlich möglich.

Eine weitere Kärntner Besonderheit ist der „Nikolausumzug von Haimburg und Umgebung“. In den Dörfern nördlich von Völkermarkt kommt der Nikolaus mit einem ganzen Gefolge. Heilige, Engerl, Kasper, Gendarm, Tod und Krampusse mit Magd gehören dazu. Glocken und Schellen und dumpfes Getrampel kündigen den Nikolaus und sein Gefolge an. Nach energischem Klopfen an die Haustür tritt ein Gendarm, der Anführer der guten und bösen Geister, ein. Ein Bojazzel in hellrotem Gewand mit vielen kleinen Blechschellen bestückt, stürmt nach ihm in die Stube. Dann erscheinen der heilige Nikolaus und ein Kaplan. Es folgt der Ruppe, der Knecht Ruprecht, ein zottiger Geselle mit grauem Vollbart, langem Pelzrock und einer Zipfelmütze. Er trägt einen großen Buckelkorb, aus dem der Nikolaus dann später die ersten Gaben verteilt. Nach ihm tritt die Figur des Todes ein. Nach einem Verhör ermahnt der Nikolaus alle anwesenden Kinder, verlässt den Raum und die schrecklichen „Bartl“ beginnen zu agieren. Sie greifen nach den Kindern, schlagen mit ihren Ruten umher und legen den einen oder anderen Buben übers Knie. Aber es ist alles nur spielerisch und Spaß, und letztendlich sind die Kinder die Beschenkten.

Hl. Luzia – 13. Dezember

Die heilige Luzia wurde etwa 286 in Syrakus/Sizilien geboren und starb ca. 304 n. Chr. den Märtyrertod. Der Grund dafür war ihr Wunsch, keusch zu leben, was man in der damaligen Zeit als eindeutiges Zeichen für den christlichen Glauben deutete und verfolgte. Sie gilt als italienische Volksheilige bei Augenleiden. Das bekannte Lied „Santa Lucia" macht sie unvergesslich. Ihr besonderes Interesse gilt der Ordnungsliebe der Mägde und dem guten Benehmen der Kinder. Um sich davon zu überzeugen, geht die heidnisch verbrämte heilige Luzia als Lutzelfrau, Pudelmutter oder weiß gekleidetes „Lutscherl" im Burgenland von Haus zu Haus. Sie belohnt oder bestraft, ähnlich wie die „Pehtrababa" am Abend des 5. Jänners im Südkärntner Raum. Der Luzitag war bis zur gregorianischen Kalenderreform der Tag der Wintersonnenwende.

In Kärnten, vor allem aber im Burgenland kennt man auch heute noch den sogenannten „Luzienweizen". Es wird ein Teller mit Erde aufgefüllt und der kirchlich gesegnete Weizen hineingegeben. Wenn die Saat bis zum Heiligen Abend aufgeht, kann man sich ein gutes Erntejahr erwarten.

Die Thomasnacht

Der heilige Thomas, Apostel Jesu, galt ob der Überlieferung als die Personifizierung von Zweifel, Unsicherheit und fragwürdiger Hoffnung. Er glaubte den anderen Jüngern nicht, dass Jesus ihnen erschienen sei, ehe er ihn mit eigenen Augen gesehen und seine Wundmale berührt hatte. Laut der kirchlichen Dramaturgie sollte der Gedenktag des heiligen Thomas ebenso von Unsicherheit und Zweifel geprägt sein. Der 21. Dezember, kürzester Tag des Jahres, war daher dafür prädestiniert. Erst durch die Menschwerdung Christi am 25. Dezember sollten, entsprechend der Kirchengeschichte, diese Zweifel endgültig überwunden werden.

In Kärnten beginnt die engere Weihnachtszeit, die sogenannte heilige Zeit bereits in der Thomasnacht (20. auf 21. Dezember). Man nahm an, dass sämtliche Winterdämonen unterwegs sind, um eine eisige Kälte zu verbreiten. Es ist der kürzeste Tag und daher die längste Nacht. Man suchte nach Schutz- und Abwehrmittel und fand solche im Drudenfuß. Er sollte Hexen und böse Geister abwehren.

Dem Vieh gab man als Schutz „Kranawettnadeln“. Die Thomasnacht gilt in Kärnten als Hexennacht.

Deshalb räucherte man am Abend das Haus aus und versprengte Weihwasser.

Diese geheimnisvolle Nacht ermöglichte auch wieder in die Zukunft zu sehen. Das Bettstatteltreten, Pantoffelwerfen, Prügelzählen, Zaunsteckenzählen und Stubenkehren wurden erneut versucht und ein Vergleich zum Ergebnis am Andreastag gezogen. In Bad Eisenkappel musste das Mädchen vor dem Losen den ganzen Tag fasten.

In manchen Gegenden legte man vor dem Schlafengehen einen Laib Brot und ein Messer auf den Tisch und blieb bis Mitternacht wach. Punkt zwölf Uhr sprangen die Mädchen zum Tisch, verzehrten ein Brot und sahen den Künftigen.

Heiliger Abend

Der Begriff „Weihnachten“ stammt aus dem Mittelhochdeutschen „ze den wihen nahten“, d. h. „zu den geweihten heiligen Nächten“. Daraus leitet sich auch die „Heilige Nacht“ bzw. der Heilige Abend als Vorabend zum Fest der Geburt Christi ab. Es handelt sich dabei nicht nur um ein wichtiges Fest im kirchlichen Jahreslauf, sondern um das bedeutendste und größte Familienfest. Das Geheimnis der Weihnacht in Kärnten erreicht am Heiligen Abend seinen Höhepunkt. Den zentralen Punkt bildet der festlich geschmückte Christbaum. Dazu kommen die Krippe, die Geschenke und natürlich auch ein besonderes Festmahl. Das Räuchern wird nicht nur in der Kirche, sondern auch in den Häusern und Wohnungen durchgeführt. Man erhofft sich dadurch das Vertreiben böser Geister.

Der Christbaum und die Behausungen werden in Kärnten besonders liebevoll mit schönem, traditionellem Christbaumschmuck verziert.

Am Abend finden in den Kirchen Christmetten statt, in denen die Geburt Christi gefeiert wird. Während früher die Christmette am Morgen des Christtages stattgefunden hat, wurde der Termin im Einklang mit den häuslichen Feiern auf den Heiligen Abend vorverlegt.

Weihnachtlicher Lichterbaum

Heidnischer Geisterglaube, weltliches Brauchtum und christliche Symbolik finden sich im Christbaum. Eine wesentliche Grundlage für das Aufkommen des Brauches, immergrüne Baumzweige in den Wohnungen zu befestigen, später auch ganze Bäumchen aufzustellen, bildeten die sogenannten Zwölften. Es handelt sich dabei um die zwölf Nächte zwischen Weihnachten und dem Dreikönigstag. Man nahm an, dass in dieser Zeit die böse wie die gute Geisterwelt unterwegs wäre. Es war die Zeit, in der man eine große Beunruhigung verspürte und es war verständlich, dass man nach Mitteln suchte, die gegen die bösen Geister wirken konnten. Dabei fiel den Menschen auf, dass gewisse Pflanzen im Winter ihre Blätter nicht verlieren. Diese aus damaliger Sicht höchst merkwürdige Tatsache führte dazu, dass man annahm, diese immergrünen Pflanzen hätten einen Abwehrzauber gegen die Wintergeister, die das Absterben der Natur verursachten. Daher ist es plausibel, dass man als Schutzmittel gegen die bösen Geister in den Behausungen solche immergrünen Zweige befestigte. Darüber hinaus nahm man auch an, dass gute Geister, insbesondere die Wachstumsgeister, durch diese mit einem besonderen göttlichen

Segen ausgestatteten Zweige, entsprechend den eigenen Wünschen beeinflusst werden könnten. Die immergrünen Zweige der Tanne, Fichte, Eibe, Mistel oder des Buchsbaumes werden daher auch Segenszweige genannt. Ein weiteres Mittel gegen die bösen Geister war das Licht. Man nahm an, dass die kurzen Tage und die langen Nächte der Winterzeit der Vorherrschaft der bösen Wintergeister zuzuschreiben waren. Da man mit dem Licht bekanntlich Finsternis aufheben kann, war man überzeugt, dass man mit dem Licht ein wirksames Mittel gegen die Wintergeister hätte. Aus dieser Überzeugung heraus entstanden zur Geisterabwehr die sogenannten Grün- bzw. Lichtbräuche. Im Alpenland entwickelte sich erwartungsgemäß der Grünbrauch und im hohen Norden der Lichtbrauch, etwa in Gestalt der Lichtheiligen Lucia am 13. Dezember. Zur Geisterabwehr kombinierte man nach Ländern verschieden auch andere Zaubermittel. Gegen die bösen Geister ging man in den Alpen mit dem Räuchern, im nördlichen Europa mit dem Lärmen vor. Im Laufe der Zeit verband man den Grünbrauch mit dem Lichtbrauch samt dem Räuchern und Lärmen. Dabei kam es zur Herausbildung des Christbaumes. Der Brauch, Christbäume aufzustellen ist noch relativ jung. Man weiß nicht genau, wann und wo der erste Christbaum wirklich gestanden ist. Gemäß verschiedener Schriftstücke kann man sein Alter auf ca. 400 Jahre schätzen, wobei er zunächst nur sporadisch auftrat. Einer Handschrift aus Straßburg in Frankreich aus dem Jahr 1605 kann man entnehmen, dass Tannenbäume in den Stuben aufgestellt wurden, die mit bunten Papierrosen, Äpfeln, Oblaten, Zischgold und Zucker geschmückt waren. Auch wurden „Kerzen“ verwendet, das waren halbe Walnussschalen mit Talg gefüllt und mit einem Docht. Die Christbäume kamen dann von Deutschland nach Österreich. Man weiß, dass zum Beispiel die Gattin Erzherzog Karls, Prinzessin Henriette von Nassau, 1816 einen Christbaum mit Kerzen aufstellte. Es waren in der Folge die Künstler und Lehrer, die den Brauch des Christbaumaufstellens dem Adel abschauten und ins Bürgertum trugen. Vom Bürgertum kam dieser Brauch nach einiger Zeit auch in die Stuben auf dem Lande. Parallel dazu entwickelte sich der Brauch des Schenkens. Bis zum Aufkommen des Christbaumes beschenkte man sich zu Nikolo oder Neujahr. Schließlich setzte sich der Christbaum auf breiter Basis durch, zunächst in der Reichshauptstadt Wien, später in ganz Österreich. Es wird berichtet, dass 1830 Christbaummärkte wie kleine Wälder in der Stadt standen. Die Verbreitung in Kärnten und Friaul erfolgte erst 100 Jahre später.

Das Aufstellen von Christbäumen wurde schon im 18. Jahrhundert im christlichen Umfeld akzeptiert. Mit der Übernahme des Christbaumes durch die Kirche erhielt er den bis heute bekannten Sinn als Zeichen der Hoffnung auf ewiges Leben; das Licht der Kerzen soll die Liebe Gottes symbolisieren. In der Gegenwart kommt dem Christbaum überwiegend die Funktion des hauptsächlichen Stimmungsmittels zu. Der vernunftbetonte Mensch versucht wieder verstärkt die Romantik des Brauchtums zu entdecken und in seine Gefühlswelt einzubauen. Er gestaltet Christbäume entsprechend dem Wohlstand und seinem Geschmacksempfinden einmal als Bauernchristbaum, dann wieder einfärbig oder einfach bunt. Neben dem selbst hergestellten oder gekauften neuen Christbaumschmuck wird oft auch alter Schmuck von Verstorbenen verwendet. Auf diese Weise können die Ahnen beim wichtigsten Familienfest dabei sein.

Besucht man heute zur Weihnachtszeit Bauernhäuser im Saualmgebiet, so kann man vereinzelt noch an der Zimmerdecke befestigte Fichten- oder Tannenbäumchen finden. Sie erinnern an den Grünbrauch, aber auch an die Platznot in den bäuerlichen Stuben. Im Winter waren Stube und Küche die einzigen beheizten Räume, es herrschte demnach große

Enge und der Weihnachtsbaum erhielt daher seinen Platz an der Stubendecke. Alten Geisterglauben kann man auch vermuten, wenn man Christbäume auf der Spitze eines Misthaufens sieht. Auch vor dem Haus, so im Mölltal, oder vor dem Stall und bei Brunnen aufgestellte Bäumchen, sollten die positive Geisterwelt als Förderer des bäuerlichen Wohlstandes gewinnen helfen und zugleich die bösen Mächte in ihrer Wirkung eindämmen.

Man sieht heute vielfach noch Formen alten Brauchtums, der Sinn ist oft schon verloren gegangen oder hat sich verändert. So wandelte sich etwa der Sinn des weihnachtlichen Räucherns von der früheren Beeinflussung der Geisterwelt zur reinen Freude am feinen Geruch. Der Christbaum hat durch seine Änderung der Sinngebung aber nichts von seinem Reiz verloren. Er ist trotz der geschäftlichen Vereinnahmung der zentrale Mittelpunkt in der Familie geblieben und man darf annehmen, dass er seine Aufgabe als wichtigstes Stimmungsmittel zur Weihnachtszeit auch in Zukunft erfüllen wird.

Quatemberbrote

Sie werden in den letzten Tagen vor Weihnachten von der Bäuerin gebacken. In den Rand der Brote drückt sie mit einem Schlüssel des Getreidekastens einen gleichmäßigen Kranz. In die Mitte der Brote presst sie einen großen Ring, den sie mit einem gleichseitigen Dreieck umgibt. Diese Figur nennt man das „Auge Gottes“. Am Heiligen Abend erhalten die Dienstboten ein Stück dieses Quatemberlaibes.

Fütterung des Windes

Zu Mittag des Weihnachtstages werden mancherorts „Dampfnudel“, das sind gedämpfte Germknödel mit Honigschmalz, gegessen. Mit Einbruch der Dunkelheit füttert die Bäuerin auch den Wind, damit er als Sturm keinen Schaden anrichten möge. Sie stellt eine Schale mit Milch oder Mehl auf die Gattersäule vor das Haus. Ist die Schale am Weihnachtsmorgen leer, hat der Wind das Futter angenommen.

Weihrauch

Räuchern gehört zu den wichtigen Brauchhandlungen im Weihnachtsfestkreis. Geräuchert wird zu den Hauptzeitpunkten: Hl. Abend, Silvester und Hl. Dreikönig. Begonnen wird am Land bei jenem Gebäude, das vom Wohnraum am weitesten entfernt ist (z. B. Bienenhütte) und endet beim Herrgottswinkel in der Wohnstube. Früher verwendete man Mischungen aus Waldharz, Wacholder und Speik. Heute ist man auch am Lande auf die kostbaren Weihrauchsorten aus Arabien übergegangen. Eine Weihrauchpfanne und die chemiefreie Formkohle als Brennstoff hat das Räuchern als Stimmungsmittel auch zwischen den Haupträucherzeitpunkten erleichtert.

Weihrauch hat eine leicht berauschende Wirkung. Eine besonders wichtige, alte Funktion war neben der Verbreitung von Wohlgerüchen, die Reinigung zu hygienischen Zwecken mit Wacholder, um Cholera und Pest zu vertreiben. In der Religion ist das Räuchern Jahrtausende alt.

Eine andere, fast nicht bekannte Weihrauchsorte ist der schwarze Weihrauch. Er vermittelt Fröhlichkeit, aber auch eine feierliche Stimmung.

Beide Sorten, der weiße und der schwarze Weihrauch helfen den stressgeplagten Menschen abzuschalten und rasch zu einer positiven Stimmungslage zu kommen, was in der hektischen Weihnachtszeit oft hilfreich ist.

Das Kärntner Heimatwerk hat sich in den letzten Jahren zu einem Spezialisten in Sachen Weihrauch entwickelt. Die weltbesten Sorten wurden in höchster Güte beschafft. Der absolute Spitzenweihrauch, das „Gold von Oman", der Rosenweihrauch vom Berg Athos aus Griechenland, Myrrhe und viele weitere hochwertige Sorten aus Südarabien, Somaliland, Indien, Irak und sogar aus China runden das Angebot von ca. 20 Sorten ab. Sogar echter Speik aus Kärnten, der nur in geringen Mengen weitergegeben werden darf, findet sich im umfangreichen Sortiment des Heimatwerkes.

Die Weihnachtskrippe

Eine frühe Quelle für die Weihnachtskrippen bietet das Lukasevangelium. Es erzählt über die Geburt Jesu wie folgt: „Und als sie daselbst waren, kam die Zeit, dass Maria gebären sollte. Und sie gebar ihren ersten Sohn, wickelte ihn in Windeln und legte ihn in eine Krippe, denn sie hatte kein Bett in der Herberge (Lukas 2, 6-7).“ Dieses Lukasevangelium wurde schon sehr früh auf Bildern dargestellt. Das erste Bild geht auf das 4. Jahrhundert zurück.

Es zeigt das liegende Jesuskind mit der Mutter Maria. Zahlreich waren die Abbildungen nicht. Zumeist fand man sie auf Steinsarkophagen.

Sehr ausführlich dargestellt wurde das Weihnachtsgeschehen vom heiligen Franziskus im Jahre 1223. Er gestaltete den Weihnachts-Gottesdienst vor einem hölzernen Futtertrog und brachte einen lebenden Ochs und Esel mit. Den Gläubigen sollte das Ereignis der Geburt Christi augenscheinlich verdeutlicht werden. Diese Krippe übte eine große Anziehungskraft auf das Volk aus.

Die Jesuiten und Franziskaner trugen den Krippengedanken weit in die Welt hinaus. Zahlreiche Weihnachtsspiele wurden aufgeführt.

Es entstanden Fresken, Wiegen wurden vor den Altären aufgestellt und Altäre mit Weihnachtsdarstellungen geschnitzt.

Im Zeitalter der Aufklärung kam es zu einer Verbannung von Krippen aus den Klöstern und Kirchen. Daher fanden die Krippen Eingang in die Privathäuser und Wohnungen. Handwerker und Bauern nahmen sich der Kunstfertigkeit des Krippenschnitzens an. Tirol und Vorarlberg sind in dieser Volkskunst bis heute führend.

Nach der Aufhebung des Krippenverbotes in Kirchen und Klöstern entwickelte sich das Krippenwesen äußerst positiv. Alpenländische Krippen, orientalische oder moderne Architektenkrippen fehlen kaum noch in den Familien. Sie sind wertvolle Sammelobjekte und werden von Generation zu Generation weitergegeben.

Stefaniritt im Lavanttal

Am 26. Dezember, dem Gedenktag des heiligen Stefanus, findet in St. Stefan im Lavanttal der traditionelle Stefaniritt mit anschließender Segnung der Tiere statt.

Der Patron der Pferde, der heilige Stefanus, war erster Blutszeuge Christi und als Prediger für das Christentum in unermüdlicher Mission. Obwohl aus den Geschichtsbüchern kein Konnex mit Pferden bekannt ist, gilt er als Pferdepatron. Volkskundler vermuten, dass er dazu bestimmt war, eine andere, ungewünschte Glaubensperson zu ersetzen.

Eine Kärntner Pfarre, die den Brauch nach wie vor vorbildlich pflegt, ist St. Stefan im Lavanttal. Hier finden sich nach wie vor Reiter, die mit ihrem Pferd insgesamt dreimal um die Kirche reiten. Nach einer Opfergabe für die Pfarre wird vom Priester der Segen für das Tier und den Reiter für das kommende Jahr erteilt. Eine weitere Tradition am Stefanitag findet noch häufiger statt – die Salz- und Wasserweihe. Das Stefaniwasser ist nämlich ein beliebtes Mittel gegen allerlei Krankheiten, während das Salz gegen Viehkrankheiten und das Abwalgen auf der Almweide eingesetzt wird.

Tag der unschuldigen Kinder

Jährlich am 28. Dezember wird ein vorchristlicher Brauch, das Schlagen mit der Lebensrute durch Kinder gepflegt. Dabei handelt es sich nicht etwa um eine Gelegenheit, sich für eine strenge Erziehung unter dem Jahr zu revanchieren. Die kleinen Gaben als Dank wären auch kaum verständlich. Auch eine späte Vergeltung für den Kindermord durch König Herodes bietet keine Erklärung.

Tatsächlich sollen die in den Zweigen vorhandenen Wachstumskräfte auf die Menschen übertragen werden. Durch das Wichsen oder Schlagen erhoffte man sich einen guten Übergang der im Zweig steckenden Energie auf den Menschen. Die positive Wirkung wird in der Regel noch durch verschiedene Sprüche verstärkt und erweitert. Allgemein rufen die Kinder „Frisch und g'sund, lang leben, g'sund bleiben“, oder „Frisch und g'sund, frisch und g'sund, lang leben, g'sund bleiben, nit klunz'n, nit klog'n, bis i wieder kum schlog'n“.

In Mittel- und Oberkärnten erhoffte man sich durch folgenden Spruch eine erweiterte Wirkung: „Frisch und g'sund, frisch und g'sund, beiß di ka Floh, ka Hund, beiß di ka Wolf, ka Bär, gib ma g'nua Schapperguat her.“

Die übliche Belohnung am Land waren Äpfel, Nüsse, Kletzenbrot, Backwerk und Kleinmünzen. Ab Mittag war dieser Heischebrauch zu Ende. Spätankommenden wurde gedroht, sie in das Ofenloch zu stecken.

Der Brauch des Schappens hat sich bis heute erhalten können; Erwachsene freuen sich über die Glückwünsche und die Kinder über die kleinen Aufmerksamkeiten, die sie als Dankeschön erhalten.

Silvester – Prosit Neujahr

„Prosit Neujahr“, „ein gutes neues Jahr“, „Gesundheit, Glück und Segen“ – so klingt es in der Zeit um Silvester, wenn Menschen sich treffen. Der Beginn eines neuen Jahres ist bei vielen Kulturen ein wichtiger Zeitpunkt um persönliches Wohlergehen zu wünschen. Auch erhofft man sich einen Blick in die Zukunft zu machen. Ein Rest des „Lösselns“ hat sich im „Bleigießen“ erhalten. Der Jahresbeginn war immer mit viel Aberglauben verbunden. Gute Vorsätze für das kommende Jahr sollten in Erfüllung gehen und die geschenkten „Glücksbringer“ bringen zumindest den Verkaufsständen glückliche Geschäfte. Den Beschenkten verheißen Rauchfangkehrer beruflichen und gesellschaftlichen Aufstieg. Das Glücksschwein lässt Reichtum erwarten, da es mit dem Rüssel ständig in der Erde auf Schatzsuche ist. Das Hufeisen soll bei allen Vorhaben des neuen Jahres Glück bringen. Die Fische bringen Hoffnung für die Fruchtbarkeit von Menschen und Tieren. Auch für finanzielle Erfolge schenkte man sie, da die Schuppen wie Münzen glänzen. Generell gelten sie als Symbol für den Erfolg, da sie nie zurück, sondern immer vorwärts schwimmen.

Zum glücksbringenden Schweinskopf isst man gerne Linsen, da sie finanziellen Wohlstand erwarten lassen. Gerne verschenkt man das vierblättrige Kleeblatt und den Glückspfennig, der weitere Münzen anziehen soll. Wie alt das Schenken von Symbolen ist, erkennt man an den Fundstücken der Pfahlbaumenschen am Mondsee im Salzkammergut. Der 1. Jänner beginnt mit einem beeindruckenden Brauchleben. Die sogenannten „Schießbuben" Kärntens melden sich mit Freudenschüssen, die Turmbläser erproben ihre Kunst in schwindelnder Höhe und viele Chöre erfreuen die Menschen zu Jahresbeginn... Auf dass alle guten Vorsätze in Erfüllung gehen...

Der engere Weihnachtskreis endet mit dem Tag der „Heiligen Dreikönige". Schon Tage zuvor besuchen Jugendgruppen die Menschen als verkleidete Könige, machen Figurenspiele, singen Lieder und sammeln für verschiedene kirchliche Hilfsprojekte. Das Zeichen C+M+B soll Schutz für Mensch, Haus und Hof bringen. Dieser Brauch wird von der katholischen Jungschar mit Freude gepflegt.

Weniger bekannt ist die Tatsache, dass der Dreikönigstag ursprünglich „Perchtensonntag" hieß. Mit ihm fand das oft gefürchtete Perchtentreiben ein Ende.

In Kärnten findet man Perchten bei den großen Umzügen gemeinsam mit den Krampussen. Lediglich im oberen Rosental geht am Abend zuvor die „Pehtrababa" von Haus zu Haus und überzeugt sich von Ordnung und Sauberkeit der Anwesen. Dabei tritt sie „doppelgesichtig" als belohnendes und bestrafendes Wesen auf. Ihr Ursprung ist bedeutend älter als jener der Krampusse. Die Vertreibung der eiskalten Zeit in den Raunächten ist ein wesentlicher Grund für ihre vermutete Existenz.

Quellenverzeichnis

Dr. Viktor von Geramb:
Sitte und Brauch in Österreich, Verlag der Alpenland-Buchhandlung, Graz 1948

Dr. Georg Graber:
Volksleben in Kärnten, Leykam-Verlag, Graz 1934

Dr. Michael Haberlandt:
Österreich, sein Land, sein Volk und seine Kultur, Wien 1927

Dr. Franz Koschier:
Kärntner Brauchtumskalender, Kärntner Brauch im Jahreslauf, Verlag Kärntner Heimatwerk, Klagenfurt 1975

Dr. Leopold Kretzenbacher:
Ringreiter, Rolandspiel und Kufenstechen, Geschichtsverlag für Kärnten, Klagenfurt 1966

Dir. Matthias Maierbrugger:
Lebendiges Brauchtum in Kärnten, Verlag Johannes Heyn, Klagenfurt 1978

Prof. Helmut Prasch:
Um die Möll, Selbstverlag des Bezirksheimatmuseums, Spittal an der Drau 1968

Dr. Heimo Schinnerl:
Symbole und Zeichen der religiösen Volkskunst, Selbstverlag des Landwirtschaftsmuseums Schloss Ehrental 1994

Mag. Siegfried Kogler, Kärntner Brauchtum im Jahreslauf, Dr. Wolfgang Lattacher, Eigenverlag Kärntner Heimatwert, Klagenfurt 2002

Internetrecherchen auf den Seiten:

Diözese Gurk	www.kath-kirche-kaernten.at
Portal des BM UKK	vs.schule.at
Universität Wien	www.dieuniversitaet-online.at
Kirchenlexikon	www.kirchenweb.at
Wikipedia	de.wikipedia.org
Jagdliches Brauchtum	www.jagd.it
Österreichisches Infoportal	www.austria.com
Millstättersee Information	summer.millstaettersee.at
Bleiburger Wiesenmarkt	www.bleiburg-wiesenmarkt.at
Brauchtumsportal	www.brauchtumsseiten.de
ÖBV	www.oebv4kids.at
Kreisverwaltung Ahrweiler	www.kreis-ahrweiler.de
Austria Forum der UNI Graz	www.aeiou.at
Totenbrauch Forum	www.totentanz-online.de
Kircheninformation	www.kirchen.net

Zahlreiche Gespräche mit den führenden Mitgliedern der Arge-Volkskultur, Haus der Volkskultur, Klagenfurt

Bilderverzeichnis:

Für die Bilder wird folgenden Fotografen/Institutionen gedankt:

alle anderen Bilder aus „So ist's Brauch in Kärnten"
Kurt Grafschafter, Heyn, 1999